抗美援朝战争胜利60周年纪事

BITONGFENGYUNLU

—kangmeiyuanchaozhanzhengshengli60zhounianjishi

黄继阳　程绍昆　著

碧潼風雲錄

杨斯德题

華藝出版社

HUA YI PUBLISHING HOUSE

图书在版编目（CIP）数据

碧潼风云录：抗美援朝战争胜利 60 周年纪事 ／ 黄继阳，
程绍昆著. —北京：华艺出版社，2013.7

ISBN 978-7-80252-452-1

Ⅰ. ①碧… Ⅱ. ①黄… ②程… Ⅲ. ①抗美援朝战争-史料
Ⅳ. ①E297.5

中国版本图书馆 CIP 数据核字（2013）第 173127 号

碧潼风云录
——抗美援朝战争胜利 60 周年纪事

著　　者：黄继阳　程绍昆

责任编辑：郑再帅　郑　实　殷　芳

装帧设计：朱宏华

出版发行：华艺出版社

社　　址：北京市海淀区北四环中路 229 号海泰大厦 10 层

邮　　编：100083

电　　话：010-82885151

电子信箱：huayip@vip. sina. com

网　　站：www. huayicbs. com

印　　刷：北京天正元印务有限公司

开　　本：1/16

字　　数：205 千字

印　　张：14. 75

版　　次：2013 年 8 月第 1 版

印　　次：2013 年 8 月第 1 次印刷

书　　号：ISBN 978-7-80252-452-1

印　　数：2000 册

定　　价：42. 00 元

三名美英战俘的传奇经历 / 149

艰苦的谈判　尖锐的斗争 / 165

上甘岭,侵朝美军的"伤心岭" / 183

《停战协定》终于签订 / 189

他们选择了中国 / 202

后　记 / 225

目 录

读《碧潼风云录》随感(代序) / 1
自 序 / 3

阴云密布　硝烟弥漫 / 1
麦克阿瑟的狂想曲 / 5
排山倒海的凌厉攻势 / 12
美军连吃败仗　内部矛盾加深 / 22
军事打击和政治瓦解相结合的艺术 / 29
在战役战斗中搜捕俘虏 / 38
他们眼中的志愿军 / 45
运输战线的对敌斗争 / 49
战俘越来越多怎么办 / 54
参军参干捐飞机的群众运动风起云涌 / 64
新气象新事物令世人瞩目 / 76
空袭与反空袭的斗争 / 84
细菌战——黔驴技穷的伎俩 / 95
战俘管理工作亟需改进 / 103
"及时雨" / 111
志愿军救治美英伤病战俘 / 121
家书抵万金 / 127
别开生面的战俘"奥运会" / 136

读《碧潼风云录》随感（代序）

碧潼风云东北亚，
人道中国誉天下。
数千战俘放回国，
厌恶战争赞宽大。
美帝残忍细菌战，
日内瓦会痛鞭挞。
成就和平齐努力，
严防突袭秒不差。

原全国政协常委
原中共中央台办主任、少将

自 序

历史是一面镜子。

抗美援朝战争取得伟大胜利整整 60 周年了。虽然美国"没有打赢这场战争",但其上下左右却十分重视这场战争的教训。美国历史学家沃尔特·G.赫尔姆斯在其《停战谈判的帐篷和战斗前线》一书中说:"如果因为没有取得胜利,就忽视或忘记在朝鲜战场上和谈判过程中千辛万苦得来的教训,那才是真正的不幸。"

作为中国人民志愿军的成员,笔者投入到了这场战争,参与了对"联合国军"战俘管理工作的全过程。在抗美援朝战争中,我中国人民志愿军大力宣传并严格执行我党我军宽待俘虏的传统政策,揭露美国侵略者说什么"中国人虐待俘虏"之类的欺骗谎言,使战俘们逐步认识到"中国人民不是我们(美国)的敌人,而是我们的朋友",越来越多的美、英战俘转变了态度,争取和平,反对战争。

我们深深感到,有责任将自己的亲身经历及耳闻目睹的历史事实写下来,让更多的人了解这段历史,更让世人知道中国已经成为世界上不可忽视的伟大力量。志愿军用他们的鲜血和生命,洗去中华民族百年的耻辱,捍卫了全民族的尊严,他们是民族的英雄和骄傲!

著 者
2013 年 5 月 25 日

阴云密布　硝烟弥漫

1. 半岛被人为地一分为二

1945 年 8 月 15 日，日本军国主义侵略者宣布无条件投降，9 月 2 日签署投降书，反德、日、意法西斯侵略的第二次世界大战终于结束。

然而，22 万多平方公里的朝鲜半岛上空又阴云密布，预示着一场暴风骤雨即将来临。

美国参谋长联席会议早就提出，并经美国和苏联约定，二战后朝鲜半岛以北纬 38 度线（通称"三八线"）为两国分别接受侵朝日军投降的临时军事分界线，北部为苏军受降区，南部为美军受降区。从此，朝鲜半岛在冷战中被人为地拦腰斩断，一分为二，形成了以"三八线"为界的分裂局面。

1948 年 8 月 15 日，大韩民国在南部成立；1948 年 9 月 9 日，朝鲜民主主义人民共和国在北部成立，南北双方边境冲突不断发生。

1950 年 1 月，美国国务卿艾奇逊公开宣称，美国西部的"防务圈"在南朝鲜出现"缺口"。

1950 年 6 月 25 日，朝鲜半岛南北双方内战爆发。这本来是朝鲜两方内部的事情，然而，美国总统杜鲁门却迫不及待地将手伸了进来。第二天，他就发表声明，派遣其驻远东的空军和海军支援南朝鲜李承晚军队作战。

第 3 天，1950 年 6 月 27 日，杜鲁门命令美国海军第七舰队侵入台湾海峡，并把台湾当作其"不沉的航空母舰"，阻挠中国人民解放自己的领土台湾。同一天,美国操纵联合国安理会通过决议,以"紧急援助"为名,为美国拼凑侵朝军队。

1950 年 6 月 28 日,毛泽东主席在中央人民政府委员会会议上发表重要讲话,强烈谴责美国对朝鲜和我国领土台湾的侵略,他号召"全国和全世界人民团结起来,进行充分的准备,打败美帝国主义的任何挑衅"。

与此同时,时任政务院总理兼外交部部长的周恩来发表严正声明,反对美国侵略朝鲜,并指出,美国的行径"乃是对于中国领土的武装侵略,对于联合国宪章的彻底破坏"。

2. 拼凑"联合国军"大举北侵

然而,利令智昏的美国当权者竟然把中国政府的再三警告当作耳旁风。1950 年 7 月 1 日,杜鲁门下令,将其驻在日本的陆军部队投入侵朝战争,在乌山地区与朝鲜人民军首次交锋。

1950 年 7 月 7 日,美国在苏联代表缺席的情况下操控联合国安理会通过非法决议,"同意"以美国为首的侵朝军队使用联合国的旗帜,并组织"联合国军司令部",由美国派"联合国军"最高指挥官。翌日,美国总统杜鲁门任命美国驻远东军总司令、驻日盟军最高统帅、陆军上将道格拉斯·麦克阿瑟为"联合国军"总司令。

所谓"联合国军",是由美国、英国、澳大利亚、荷兰、新西兰、加拿大、法国、菲律宾、土耳其、泰国、南非、希腊、比利时、卢森堡、哥伦比亚、埃塞俄比亚共 16 个国家的作战部队及瑞典、印度、丹麦、挪威、意大利 5 个国家的医疗队组成。值得指出的是,南朝鲜李承晚的军队也受"联合国军"指挥。

"联合国军"主要是美国军队。朝鲜战争停战协定签订时,美国共出动了有 1 个集团军、3 个军、8 个师、2 个团,共计 37.35 万人,占"联合国军"总兵力的 90% 以上;英国、加拿大等 15 国出了 4 万多人。另外,南朝鲜李承晚军最多时达 49.1 万人。联合国军及南朝鲜军的总兵力达 90.455 万人。美国为了掩饰其对朝鲜的侵略行径,还美其名曰"执行联合国的警察行动"。

3. 仁川登陆为哪般?

1950年9月15日,美国悍然派遣其第十军及其所辖海军陆战第1师、步兵第7师等共7万之众,舰艇260艘,飞机500架,由麦克阿瑟指挥,在朝鲜西海岸的仁川登陆。

1950年10月7日,美国侵略军疯狂地越过"三八线",大举北犯,并迅速将战火引向中朝接壤的鸭绿江边。据美联社1950年11月24日报道,麦克阿瑟还乘飞机飞临鸭绿江上空,用远程望远镜向北岸纵深地区观察,"视线及于对岸二三十英里处"。

为了应对北朝鲜对南朝鲜的进攻,1950年6月27日,哈里·S.杜鲁门总统(1884—1972)宣布国家进入紧急状态(美国国家档案馆提供)

美国凭借它的"空中优势",对朝鲜北部滥施轰炸,并且,从1950年8月27日起,美国空军即不断地侵犯我国东北地区领空,对安东(今丹东)、辑安、临江等城镇和乡村进行轰炸,滥杀我国无辜平民百姓。

形势是极为严峻的,诞生仅8个多月的中华人民共和国的安全,以及亚洲乃至全世界的和平受到严重威胁。

4. 是可忍, 孰不可忍!

中共中央、毛泽东主席审时度势, 并根据朝鲜民主主义人民共和国最高统帅金日成的请求, 果断地决定, 派出由中华人民优秀儿女组成的中国人民志愿军, 雄赳赳, 气昂昂, 跨过鸭绿江, 奔赴抗美援朝的最前方。

由于美国武装入侵朝鲜, 使二战后形成的东西方两大阵营世界冷战格局变成一场热战, 朝鲜南北两方的内战迅速演变成为一场国际战争。

麦克阿瑟的狂想曲

1.杜鲁门远渡重洋屈驾听汇报

美军在仁川登陆后的情况以及麦克阿瑟的军事部署如何？中国要派出志愿军,是虚晃一枪,还是确有此打算？中国如要出兵,何时派出,能派出多少兵力,后果又将如何？这是美国总统杜鲁门所关心的一系列问题。以一位总统之尊,要一名将军回白宫向他汇报,这是天经地义的事。然而,目空一切、唯我独尊的麦克阿瑟,把谁都不放在眼里,"我很忙,没有工夫回国去!"总统又奈他何！因此,杜鲁门不得不屈驾远渡重洋,于 1950 年 10 月 15 日自华盛顿启程,来到太平洋中一个名为威克岛的小岛,与麦克阿瑟会晤,听取他的汇报。对外则美其名曰"总统此行的目的,是给麦克阿瑟将军授勋"。明眼人一看便知,所谓"授勋"一说,只不过是掩耳盗铃的"托词"而已。

威克岛(Wake Island)在夏威夷群岛和关岛之间的马里亚纳群岛中,面积约 8 平方公里,人口约 1600 余人,1898 年由美国占领,它是横渡太平洋航线的中间站,1939 年以后成为美国在太平洋中一个重要的海军和空军基地。1941 年至 1945 年期间曾被日本侵占,二战结束后重归美国。

杜鲁门总统的专机飞临威克岛上空后,并没有马上降落,而是在岛的上空兜圈子。因为,对于杜鲁门来说,一个重要的问题是,他要弄清楚,麦克阿瑟是否来到机场迎接。否则,那将是多么尴尬而又有失面子的事。当他得到报告说,已看到麦克阿瑟在机场迎候,这才放心地让专机降落。

2. 他要"饮马鸭绿江"

当杜鲁门同麦克阿瑟会晤时，这位集"联合国军"总司令、美国驻远东军总司令、驻日盟军最高统帅三大职务于一身的美国陆军上将开门见山而又大言不惭地对杜鲁门说："总统先生，中共在满洲（中国东北地区）有 30 万军队，其中约 10 万人在鸭绿江边，而渡江作战的只不过 5 万至 6 万人。"

麦克阿瑟接着说："我认为，中共无意参加这场战争。当今是我们美国强大、中共孱弱的时代，如果中共部队渡过鸭绿江，我就要使他们遭到人类历史上空前规模的灭顶之灾。我断言，任何一个中国指挥官都是不会冒这种风险的。"

麦克阿瑟还信誓旦旦地向杜鲁门保证："我认为到感恩节，正规抵抗在整个南北朝鲜就会终止。我本人希望到圣诞节能把第八集团军撤到日本去，因为我们已在朝鲜赢得了胜利。"

麦克阿瑟（Douglas MacArthur，1880—1964），曾任美国西点军校校长、陆军参谋长、驻菲律宾美军司令等职。二战期间，指挥盟军在西南太平洋地区作战，很多名将都曾是他的部属。欧洲盟军总司令艾森豪威尔曾是他的参谋长，美国参谋长联席会议主席布莱德雷对麦克阿瑟十分崇拜。傲慢如美国的巴顿将军，不服别人，但服麦克阿瑟。麦克阿瑟由于资格老，二战中屡立战功，被称为"二战英雄"。然而，美国入侵朝鲜后，这位二战反法西斯侵略的英雄，却走向反面，成了侵略朝鲜的首领和急先锋。他认为，有他麦克阿瑟在，中国就不敢派兵跨过鸭绿江，而且，他竭力主张挥师北上，把美国侵朝战争扩大到中国的东北地区。

麦克阿瑟上将先生也许太过主观，他对于朝鲜局势的急剧变化以及鸭绿江两岸发生的一切，不会不知道吧！然而，他仍然我行我素，一意孤行。侵朝美军在麦克阿瑟的指挥下，在仁川登陆后，迅即越过"三八线"，攻陷平壤。麦克阿瑟命令美国第 8 集团军和第 10

军,兵分两路,以南朝鲜李承晚军为前导,继续向鸭绿江边进击。他公然叫嚷:"在感恩节前占领全朝鲜,饮马鸭绿江!"

3.组建志愿军在有条不紊地进行

根据中共中央、中央军委的指示精神,加强我国东北地区防务力量,同时组建中国人民志愿军,这些工作都在紧张而有条不紊地进行着。

志愿军辖第 13 兵团及所属的第 38、39、40、42 军,还有边防炮兵司令部及所属之炮兵第 1、2、8 师。志愿军的领导班子迅即组成,并得到中央批准:

> 彭德怀,司令员兼政委。
>
> 邓华,副司令员兼副政委。
>
> 洪学智,副司令员。
>
> 韩先楚,副司令员。
>
> 解沛然,即解方,参谋长。
>
> 杜平,政治部主任。

领导班子里面还有一位副司令员兼副政委朴一禹,他是朝鲜的次帅、朝鲜内务相,曾在中国工作,汉语讲得很好。美国侵略军在仁川登陆后,局势急剧恶化。金日成首相派朴一禹到安东会见彭德怀同志,代表朝鲜党、政府要求中国派兵支援。1950 年 10 月 1 日,朝鲜内阁首相金日成和副首相兼外务相朴宪永联名给中共中央、中央人民政府主席毛泽东写信,请求中国出兵支援作战——这封信由朴一禹于 10 月 3 日飞到北京面交毛泽东主席。志愿军领导班子里有一位朝鲜同志,便于同朝鲜人民军协调工作。由朴一禹出任志愿军副司令员兼副政委,是彭德怀司令员同金日成首相商量确定的。

鸭绿江水向西南方向奔腾入海,铁路桥横跨宽约 100 米的江面,将两岸连接起来。满载物资的列车一辆接一辆向南驶去,高射炮群的炮口遥指天空。背靠镇江山（今锦江山）、面向鸭绿江的小城安东骤然繁忙起来，苏制嘎斯卡车和吉普车在大街小巷穿梭般奔驰，熙熙攘攘的人群以军人居多。空袭警报声响起，人们纷纷往防空掩体躲避。

在 8 年抗战和 3 年解放战争中，我们有同日本侵略军及蒋介石集团的作战经验。但是，同以美国侵略军为首的多国部队作战，这还是第一次。志愿军领导层研究分析了美军特点和我军情况：美军虽然武器装备精良，但是补给供应线太长，并且，美军远涉重洋，为非正义而战，是侵略，士气不高；我志愿军武器装备虽不如人，但为反侵略而战，士气高昂，又有全国人民的支持，只要充分发扬我人民军队之所长，趋利避害，必能打败侵略者，最后胜利是我们的。

然而，敌我火力毕竟悬殊，估计我志愿军歼灭美军一个师，需要两个军的兵力；志愿军歼灭南朝鲜李承晚一个师，需要一个军的兵力。根据这个情况，中央决定，第 9 兵团也加入到志愿军的行列中来，以增强志愿军的实力。

战场上的形势瞬息万变。志愿军部队什么时候过江为宜，这是中共中央和毛泽东主席亲自掌握的问题。一切都在高度保密中进行，最后，命令终于下达：志愿军过江部队 1950 年 10 月 19 日出发。

中国人民志愿军 4 个军及 3 个炮兵师，于 1950 年 10 月 19 日晚，兵分西、中、东 3 路，过鸭绿江，向预定的作战地区挺进。

志愿军先头部队第 40 军 118 师在朝鲜北部的温井地区与敌遭遇，打了个漂亮的前哨战，歼灭北犯的南朝鲜李承晚军第 6 师第 2 联队第 3 大队和 1 个炮兵中队，毙敌 325 人，俘敌 161 人，活捉美军顾问奈勒斯少校；缴获敌汽车 38 辆，火炮 12 门，各种枪支 163 件。

1950 年 10 月 25 日晚，志愿军 118 师和 120 师在温井地区胜利会师。于是，志愿军两个师在温井地区首战告捷和胜利会师的 1950 年 10 月 25 日，经中央批准，定为中国人民志愿军抗美援朝纪念日。

4. 志愿军捕获的第一个美军俘虏

志愿军战士们从捕获的李承晚军俘虏的口中获悉，南朝鲜李承晚军第 6 师第 2 联队里有美军顾问,大家都很高兴。

"赶紧从俘房里面清查,把美军顾问找出来!"志愿军第 40 军主管战俘工作的叶部长命令着。

"是!"几位翻译和俘管干部齐声回答。

战士们都想看看美军俘房是什么样子。但是,在俘房中查找了一天,也没有查出美军顾问来。

第二天清晨,一位志愿军战士在山头站岗放哨,听到草丛中窸窣作响,他警惕地端着枪,拨开草丛一看,原来是一个蓬头垢面的人,他就是美军少校顾问奈勒斯。

"You're Captured! Hands up!"("你被俘了!举起手来!")

值岗的志愿军战士高声喊道,他在入朝前刚刚学会的、仅有的几个英文短语,居然用上了,并且起了作用。

被俘的美军少校举起了双手,走出草丛。

这个被俘的美军顾问是我志愿军入朝参战后捕获的第一个美军战俘,他被带到了主管战俘工作的叶部长的防空洞。这个美军战俘身着草黄色呢军服,右臂缠着绷带吊在肩上,脸色苍白,略显恐惧。

叶部长示意这个美军战俘在前面的蒿草堆上坐下。孙明璇担任翻译,还有黄韵秋等协助翻译。

"你叫什么名字?"

"奈勒斯。"

"你的军阶和职务?"

"南韩第 6 师第 2 联队的少校军事顾问。"奈勒斯指着他脖子上的铝制胸牌说:"这上面有我的名字、军号、部队番号等项目。"

"你进过什么学校?"

"1941 年毕业于西点军校。"

"你原来在美军的什么部队?"

"我是从美军第 8 军第 2 师调来的。我曾在欧洲战场上参加过反法西斯战争,同希特勒的军队打过仗,我也是有战功的。"

"那你这次到朝鲜来又是为什么?"

"唔……上级说是帮助朝鲜人……我是军人,要服从命令……"奈勒斯显得有些紧张。

几位翻译给了奈勒斯一些饼干和饮水充饥解渴,奈勒斯连声道谢。

"不必害怕。"部长说,"你的伤怎样?"

"子弹擦伤,没有伤骨头,你们的军医为我做了初步救护。"

"我们对待战俘的政策是:不杀、不辱,保护生命安全,保留个人财物,有伤有病给予治疗,战争结束后送你回家。但是,你必须服从我们的命令,遵守我们的纪律。"

"谢谢! 你们已经对我很好了。"

"现在你可以走了。"

奈勒斯站起身来,对孙翻译说:"我可以提个问题吗?"

叶部长示意让他提。

"你们是什么军队? 你们是从哪里来的?"

"你认为我们是从哪里来的?"部长笑笑。

"我看你们是中国人,是中国军队,是从鸭绿江那边过来的。"

"怎么见得?"

"你们用兵神速,好像从天而降。我刚一抬头,就看见你们的士兵铺天盖地,从山上边喊边打枪边跑,太快了,我们实在措手不及……"

"还有呢?"

"我看到,你们的士兵精神饱满,士气很高,非常勇敢。你们的纪律也不错,我被俘后没有受到人身攻击。"

"还有什么?"

"我不曾看到你们的辎重车,只见马拉炮车,人扛机枪。但是你们是一支训练有素的军队,如果有了机械化、现代化的装备,你们将是一支更加不可轻视的军队。"

"我可以告诉你:我们是中国人民志愿军,是来帮助我们的近邻——朝鲜人民和人民军抗击美国侵略的。现在,你可能还接受不了'美国侵略'这个说法,不过你会慢慢明白你参加的是一场什么性质的战争,这场战争与你过去参加的反法西斯战争两者性质是根本不同的。"

部长接着说:"美国第 7 舰队为什么要开到台湾海峡?美国为什么要霸占中国领土台湾?"

这个被俘的美军少校一时语塞,答不上来,只是说:"我们错了。"

排山倒海的凌厉攻势

1. 五次战役的辉煌胜利

狂妄自大的麦克阿瑟将军仍认为中国不敢出兵参战,在我志愿军部队跨过鸭绿江的当天,侵朝美军攻陷平壤后,即集中 4 个军 10 个师又一个旅、一个空降团的兵力,共计 13 万余人,兵分多路,向鸭绿江边进犯。

中国人民志愿军的大部队从鸭绿江桥,从冰雪封冻的江面上,跨过江去。

到处是雄赳赳的志愿军部队、车辆,还有大量踊跃支援前方的运输民工。

1950 年 10 月 25 日,北京《人民日报》发表社论:《抗美援朝,保家卫国》。

从 1950 年 10 月 25 日起,至 1951 年 6 月 10 日止,在 7 个半月的时间里,士气高昂的中国人民志愿军在朝鲜人民军的密切配合下,以排山倒海的凌厉攻势,连续发动了 5 次大规模的战役。

1950 年 10 月 25 日至 11 月 5 日,中国人民志愿军部队锐不可当地发动第一次战役,一举将敌军从鸭绿江边驱赶到清川江以南。在此役中,我志愿军部队给予了南朝鲜李承晚军第 6 师以歼灭性打击,重创李伪军第 1、第 8 师和美军骑兵第 1 师,击毙该 5 团团长,总计毙、伤、俘敌军官兵 1.5 万余人,缴获 70 多辆坦克和汽车,以及一大批武器装备。首战大捷,有力地挫败了敌人妄想侵占全朝鲜并把战火烧向中国的企图。

1950 年 11 月 25 日至 12 月 24 日，志愿军发动第二次战役，乘胜追击，将敌军驱回到"三八线"以南，毙、伤、俘敌军 3.6 万余人，迫使敌军从进攻转入防御。

1950 年 12 月 31 日至 1951 年 1 月 8 日，志愿军和朝鲜人民军一道，发动第三次战役，突破敌军"三八线"阵地，毙、伤、俘敌军官兵 1.9 万余人。

1951 年 1 月 25 日至 4 月 21 日，志愿军和朝鲜人民军在第四次战役中，共毙、伤、俘敌军官兵 7.8 万余人。

1951 年 4 月 22 日至 6 月 10 日，志愿军和朝鲜人民军发起第五次战役，毙、伤、俘敌军官兵 8.2 万余人。

在以上五次战役中，英勇的中国人民志愿军共歼灭敌军 23 万余人，缴获了大批武器、弹药、战车和军用物资，俘虏了大量的美、英军官兵。

2. 瓮中之鳖跑了

我志愿军部队以雷霆万钧之势发动的第一次战役，是在局势极其严重、部队急促入朝的情况下进行的。

参加此次战役的主力部队之一的志愿军第 38 军军部和 112 师师部在前进途中遭遇敌军，行动受阻，未能按预定时间到达指定地点熙川，以致即将成为瓮中之鳖的敌军趁机南逃，失去了歼敌良机。对此，彭德怀司令员爱恨交加。爱的是，彭总深知，38 军是一支战斗力很强的部队，军长梁兴初是一位屡建战功的猛将；恨的是，这一次未能按时到达指定的战位，致使一部分敌军逃遁，未达全歼的目的，真是恨铁不成钢啊！彭总急不择言地说："梁兴初啊梁兴初！你误了战机，我饶不了你！……"

江西省吉安籍的梁兴初（1913—1985），1930 年参加中国工农红军，同年加入中国共产党，参加了二万五千里长征。抗日战争时期，曾任八路军副团长、新四军旅长、山东军区师长。解放战争时期，任师长、纵队司令员、38 军军长。朝鲜战争爆发后，梁兴初军长率领第

38军加入中国人民志愿军,首批入朝参战。在历次革命战争中,他率领部队南征北战,打了许多胜仗,却没有想到这次在同以美国为首的"联合国军"作战中,未能按时到达目的地,以致即将成为瓮中之鳖的一部分敌军跑掉了。梁兴初军长既感且愧,懊恼不已。他认为,彭总治军严谨,他的批评是很有道理的。他发誓要率领部队在以后的战役战斗中打大胜仗,多多歼敌,再不让败敌跑掉。

中国人民解放军成都军区原司令员梁兴初中将。抗美援朝战争期间,梁兴初是中国人民志愿军第38军军长

3.毛岸英同志光荣牺牲

骄狂的麦克阿瑟将军仍认为中国的(志愿军)主力部队没有过江,于是紧急调集了5个军、13个师、3个旅和1个空降团,共22万人的地面作战部队,比第一次战役增加将近9万人。1950年11月24日,麦克阿瑟亲自从日本东京飞到驻朝鲜的美国第8集团军司令部,发动"圣诞节结束朝鲜战争总攻势",并许诺:"这场攻击一结束,就让孩子们(美军官兵)回家过(1950年)圣诞节。"

与此同时,美国空军飞机也增加到1200架,对朝鲜北部地区滥施轰炸。1950年11月25日清晨,志愿军司令部人员都上山到防空洞去了，山下大榆洞只有高瑞欣、成普两位参谋和秘书兼翻译毛岸英在作战室值班。一批美军飞机来袭，它们在志愿军司令部上空转了几圈，胡乱扔下几十枚炸弹和凝固汽油弹，作战室的房子着火燃烧，坚守岗位的毛岸英和高瑞欣当场牺牲，成普受了伤。

美军飞机遁去后，彭总来到现场，看到烈士遗体，心情沉重、悲伤，长时间沉默不语。半晌，彭总才顿足叹道："主席把岸英托付给我，郑重其事。如今岸英牺牲，叫我如何向主席交代！"洪学智副司令员说："这事纯属意外，怎能怪老总！估计我志愿军司令部的位置已被美军侦知，必须尽快转移。"韩先楚等领导同志全都赞同此意见。

毛泽东获悉毛岸英牺牲的消息，十分悲痛，这是毛主席一家为中国人民的革命事业献出的第6位亲人。彭德怀司令员向毛主席请示拟将毛岸英的遗体运回国内安葬，毛主席强忍丧子之痛，说："青山处处埋忠骨，何须马革裹尸还。"他说："打仗总是要死人的，中国人民志愿军已经献出了那么多指战员的生命，他们的牺牲是光荣的。岸英是一个普通战士，不要因为是我的儿子，就当成一件大事。"

毛岸英于1922年10月出生在湖南省长沙市，他母亲杨开慧被国民党反动派逮捕，毛岸英也被投入监狱，时年8岁。杨开慧牺牲后，毛岸英和两个弟弟在中共地下党的帮助下，到了上海，不久，地下党遭到破坏，毛岸英和两个弟弟无以维生，他当学徒、捡废品、卖报纸、拉人力车，克服了生活方面的种种困苦。1936年，由党组织安排，毛岸英和弟弟毛岸青去苏联进入军政学校和军事学院学习，也曾参加过苏联卫国战争。1946年，毛岸英回到延安，同年加入中国共产党。担任过工厂党委副书记等职。1950年朝鲜战争爆发，新婚的毛岸英主动请缨，要求参加抗美援朝，得到批准，入朝后在中国人民志愿军司令部担任翻译兼秘书。他在作战室坚持工作遭美军飞机轰炸牺牲时，年仅28岁。

毛岸英的遗体安葬在朝鲜桧仓郡的"中国人民志愿军烈士陵

园"内。一米高的花岗石的墓碑上镌刻着:"毛岸英同志原籍湖南省湘潭县韶山冲,是中国人民领袖毛泽东同志的长子。1950 年 11 月25 日在抗美援朝战争中英勇牺牲。毛岸英同志的爱国主义和国际主义精神将永远教育和鼓舞着青年一代。毛岸英烈士永垂不朽!"

4."万岁军"和"万岁军酒"的故事

就在大榆洞被炸的当天,即 1950 年 11 月 25 日傍晚,志愿军调集了比敌军多 1.7 倍的优势兵力,迎击北侵之敌,并以凌厉的攻势,发动第二次战役,历时 1 个月,于 12 月 24 日结束。

战前,志愿军第 38 军军长梁兴初在团以上干部动员会上说:"彭总批评我们了,说在第一次战役中,38 军动作太慢,没有截断敌军的后路,使他们钻空子逃跑了。在第二次战役中,我们一定要克服一切困难,坚决消灭敌人,完成战役迂回的任务。"

万岁军酒

战斗提前打响了。我志愿军第 38 军首先对西线的南朝鲜李承晚伪军第 7 师发起攻击,经过 5 小时激战,将李伪军 7 师 5000 余人大部歼灭。

与此同时,我志愿军各部队同第 38 军紧密配合,乘胜猛攻,美军第 2 师、第 25 师、土耳其旅之余部、美军骑兵第 1 师、南朝鲜李伪军 7 师各一部,陷入我志愿军的三面包围之中。经过激战,歼灭了李伪军的第 7 师、第 8 师和土耳其旅之大部,并给美军第 2 师、第 25 师以歼灭性打击,重创了美军骑兵第 1 师,捕获了大批俘虏。

志愿军第 38 军行动迅猛,歼灭了土耳其旅一个加强营的大部;击溃了美国骑兵第 1 师的两个营。38 军 113 师仅用 14 小时急速前进 70 公里,占领了三所里。在三所里和龙源里一带同美国侵略军部队激战的枪炮声逐渐稀疏,残敌向南溃逃,标志着第二次战役胜利结束,一批又一批美军和李伪军战俘被押下战场。军、师首长命令打扫战场,绵延数十公里的地带,到处是缴获的战利品,有车辆、大炮、枪支、弹药、生活用品,还有罐头食品,等等,计毙伤敌 7485 名,缴获榴弹炮 136 门,其他火炮 253 门,汽车 1500 余辆,坦克 16 辆,电台51 部,各种军用物资无数。

志愿军战士把在战场上搜捕俘虏叫作"捉虱子"。

败军被击毙的官兵尸体散落在各地,这是必然的。但是志愿军38 军所属 338 团 2 连 2 排夜间搜捕俘虏时,却遇到了一种奇特的现象:一些美军官兵的"尸体"排列得整整齐齐躺在地上,这是怎么一回事呢?

2 排排长用枪托拨弄了一下躺着的"尸体",没有动静。他接着用脚使劲地踢去,但见那"尸体"猛地爬了起来,跪在地上,双手举起卡宾枪,表示投降。排长就这样连续用脚踢向地面的"尸体",并用自己刚刚学会的英语短语喊话:"举起手来!""缴枪不杀!""志愿军宽待俘虏!"躺在地上的那些"尸体"全都"活"了,他们一个个用双手将枪举过头顶,排长和战士们收缴了那些美军战俘的武器,将他们押下了战场。

一位文工团员遇到一个美国兵,举起他手中的提琴,高声喊道:"放下武器!""缴枪不杀!"这个美国兵乖乖地把枪放在地上,举手投降。

一位电话兵在打扫战场、检查电话线路时,独自一人捕获了 80个美军俘虏,这个故事就发生在第二次战役中,这位电话兵就是志愿军第 38 军的电话兵。

也有个别美军战俘不服气,不听管,在志愿军 114 师俘管队里,被俘的美军第 2 工兵营营长拉维尔中校就是这样一副傲慢态度。翻译讯问,他什么也不说。师政治部余琳主任亲自问他,他只说自己的名字,部队番号及其他问题都不回答,还说什么"我是军人,保守机密是我的天职,你无权过问"。

余主任正颜厉色地说:"现在你是战俘。你必须回答我的问题!"接着余主任耐心地向他宣讲我志愿军宽待俘虏的政策,这名战俘这才逐渐转变态度,服从管理。

在 1950 年 12 月 1 日的碰头会上,彭德怀司令员高兴地对邓华和洪学智副司令员说:"38 军,打得不错嘛!"

邓副司令员说:"事实又一次证明,38 军是一支战斗力很强的部队。"

洪副司令员说:"第一次战役,我志愿军入朝参战,旗开得胜;但是 38 军没有打好,受到老总批评。他们憋足了一股子劲,立誓要在以后的战役战斗中打出个样子来,这支老部队有一种从来不服输的气概。"

彭总说:"是支好部队。要通令嘉奖。"他亲自执笔起草嘉奖令:

梁(军长梁兴初)、刘(政委刘西元)并转 38 军全体同志:
　　此战役克服了上次战役中个别同志的某些顾虑,发挥了 38 军优良的战斗作风,尤以 113 师行动迅猛,先敌占领三所里、龙源里,阻敌南逃北援。敌机、坦克百余,终日轰炸,反复突围,终未得逞,至昨(30 日)战果辉煌,计缴坦克、汽车近千。被围之敌尚多,望克服困难,鼓起勇气,继续全歼被围之敌,并注意阻敌北援。特通令嘉奖,并祝你们继续胜利! 彭朴邓洪韩解杜。

彭总写好嘉奖令,征得各位领导的同意,嘱参谋拿去发,但立即要了回来,在电文末尾加了两句:"中国人民志愿军万岁! 38 军万岁!"然后才叫参谋拿去通报全体志愿军部队,并上报中央军委。

中央军委接到这份嘉奖令后，立即转发给中国人民解放军各部队。《人民日报》发表了《被欢呼为万岁的部队》的战地通讯。

38军军长梁兴初接过军政委刘西元递过来的嘉奖令，不禁热泪盈眶，半晌说不出话来。

消息传到离军部指挥所最远的114师指挥所时，师长翟仲禹、政委李伟、政治部主任余琳等极为高兴，当即你一言、我一语，集体创作了如下的诗篇：

> 麦克阿瑟真骄狂，叫嚣要过鸭绿江。
>
> 德川拔下太极旗，嘎岭踏碎星月装。
>
> 雷霆万钧击军隅，钢刀猛插到书堂。
>
> 奇兵突见三所里，南逃北援两茫茫。
>
> 圣诞攻势成泡影，中华儿女斗志昂。
>
> 三十八军称万岁，美英劲旅放下枪。
>
> 人生能建几多功，军威难得如此壮。
>
> 牺牲流血何所计，迎来旭日升东方。

1950年12月23日，美国第8集团军司令沃尔顿·沃克中将被自己溃败部队的10轮大卡军车撞死的消息传到志愿军38军114师时，领导成员们立即把"美英劲旅放下枪"一句改为"沃克中将把命丧"。

"中国人民志愿军万岁！38军万岁！"如此高的评价，对志愿军部队震动很大，广大干部战士深受鼓舞。

根据彭总指示，志愿军司令部在38军驻地召开现场会，总结第二次战役胜利的经验。40军军长温玉成、39军军长吴信泉、42军军长吴瑞林、50军军长曾泽生、66军政委王紫锋等先后到达，大家同38军军长梁兴初一见面，第一句话都是"祝贺38军成为万岁军！"梁兴初军长满面笑容，谦逊地回应说："哪里，哪里！真不敢当！这是领导对我们38军的鞭策和鼓励。"

　　为了安全起见，邓华、洪学智副司令员等领导同志力劝彭总没有出席此次现场总结会。邓华副司令员作为彭总的代表在总结会上发言说："在此次战役中，敌方有 5 个军、13 个师、3 个旅和 1 个空降团，共 22 万人，我志愿军有 6 个军、18 个师，共 23 万人，可谓旗鼓相当。具有高度机械化武器装备的敌军还有海军和空军助阵，而我志愿军部队仅有小米加步枪，如是而已。但是我们有毛主席的战略思想，有彭德怀司令员英明正确的指挥，有英勇善战的广大指战员的奋力拼搏，事实证明，武装到牙齿的以美国为主的侵略军不是不可战胜的！"

　　邓华副司令员着重谈到 38 军"在德川地区打开战役口，实施迂回包围，特别是 113 师，快速地按时到达指定位置，切断敌军退路，阻住南逃北援之敌，对取得整个战役的胜利，起了重大的作用"。

　　现场总结会整整持续了一天。

　　60 年后，一个微风拂面、阳光和煦的春日，笔者和程绍昆、陈宪春、路丕辰老战友应邀去洪学智将军的女儿洪彦、女婿刘东明家里做客。午餐席上，洪彦、刘东明夫妇拿出珍藏了 20 年的"万岁军酒"请我们品尝，大家兴致盎然地回顾了"万岁军"和"万岁军酒"的故事。

　　洪彦女士说："志愿军在第一二次战役乃至整个抗美援朝战争的胜利，是中、朝两国人民的伟大胜利和骄傲！"她说："朝鲜停战以后，家父（洪学智）于 1953 年 8 月初接到中央军委命令，从朝鲜回国到南京军事学院进修学习。1954 年 2 月 28 日，父亲被任命为中国人民解放军总后勤部副部长兼参谋长，1955 年被授予解放军上将军衔，1957 年 5 月任总后勤部部长，此后担任过国防工办主任、总后勤部部长兼政委、中央军委副秘书长等职。"她说："父亲经常向我们子女讲述中国人民志愿军在朝鲜抗击以美国为首的多国侵略部队、不断打胜仗的故事，因此，我们晚辈从孩童时起就受到了很好的爱国主义和国际主义的教育。"

　　洪彦说："志愿军第 38 军梁兴初军长回国后曾任中国人民解放

黄继阳(左三)和抗美援朝战友程绍昆(右三)、陈宪春(右二)、路丕辰(右一),于2010年4月10日应邀到洪彦(中国人民志愿军副司令员洪学智之女,左一)、刘东明(洪学智将军之女婿,左二)夫妇家作客

军广州军区副司令员、成都军区司令员等职,1955年被授予解放军中将军衔。"她说:"梁(兴初)叔叔与我父亲同庚,都是1913年生。但兴初叔早在1985年就去世了,享年72岁。我父亲是2006年去世的,终年94岁。父辈长时间在历次革命战争以及抗美援朝战争中形成的战友情谊,将我们晚辈联系在一起了。几十年来,我们同兴初叔的子女往来一直没有中断过。"洪彦接着说,梁兴初将军之子梁晓源在我国名扬海内外的"茅台酒"之乡贵州省仁怀市茅台镇,兴建了一座酒厂,推出一种白酒,取名"万岁军酒",目的在于纪念当年志愿军第38军在第二次战役中发扬机智、勇猛、行动迅速的优良战斗作风,取得辉煌战果,受到彭德怀司令员通令嘉奖的光荣历史。"万岁军酒"一经问世,就受到社会各界的广泛关注和欢迎。

宾主的杯中斟满了"万岁军酒",相互频频举杯,为纪念中国人民志愿军抗美援朝作战胜利、为爱国主义和国际主义的伟大胜利、为亚洲和世界的持久和平而干杯。

美军连吃败仗　内部矛盾加深

1. 他，如梦初醒

在东线，山多湖泊多，属寒带地区，大雪漫天飞舞，气温已降至接近摄氏零下 40 度。第二次战役的东线战役是在长津湖地区进行的，因而又称"长津湖战役"。长津湖是朝鲜人民兴修水利灌溉农田形成的 100 多个巨型人工湖之一，盛产鲤鱼和红鳟鱼。

1950 年 11 月 27 日晚，志愿军第 9 兵团在长津湖地区向美军发起攻击，将敌军包围在几个孤立的区域，敌人就用坦克摆放在被围部队的四周，形成了一个保护圈，我志愿军部队仅有步枪和手榴弹与之战斗。鏖战数日，歼灭了美国"王牌部队"海军陆战第 1 师一个团的大部、李伪军首都师之一部。美国第 10 军及李伪军丢下了许多尸体和伤员，在美国海、空军掩护下，从海上逃窜。

美军第 10 军军长阿尔蒙德慨叹曰："没有想到中国（志愿军）第 9 兵团的行动那么快！"

麦克阿瑟将军这才如梦初醒："中国的（志愿军）大部队果然来了！"赶紧命令其部队往南撤退。

美国总统杜鲁门发表声明，惊呼"我们（美国）可能要节节败退，就像前次我们所遭受的失败一样"。然而，此时此刻，这位美国总统仍未醒悟，顽固坚持要打侵朝战争。

2. 沃克中将在溃败中命归黄泉

美国第 8 集团军司令沃尔顿·沃克中将率部在第二次战役中遇

到中国人民志愿军劲旅,在较量中惨败,沃克将军自己命归黄泉——这是美军在侵朝战争中惨死的一名将军。

沃克将军曾是二战中美军第三集团军司令巴顿将军麾下的军长,在反德、意法西斯侵略的作战中,驰骋欧洲疆场,也曾屡建战功。然而,1950 年 7 月 13 日,他受命出任侵朝美军第 8 集团军司令,走向反面,参加了"在错误的时间、错误的地点发动的一场错误的战争"。

新官沃克中将刚一上任,就接到其顶头上司麦克阿瑟上将的紧急命令,要他查找在南朝鲜"失踪"的"常胜军"美国陆军第 24 师少将师长威廉·F.迪安的下落。沃克将军采取一切手段,四处搜寻,毫无踪影,于是一纸报告向麦克阿瑟上将和美国当局复命:"迪安将军接任第 24 师师长仅 18 天,该部队有高度的责任感。大田(南朝鲜临时首都)被围时,将军临危不惧,指挥若定,亲自组织队伍突围,不幸以身殉职。"

美国当局根据沃克司令的报告,认定迪安师长已经"殉职"。为了表彰迪安将军对美利坚合众国的忠贞与功绩,特地举行极为隆重的仪式,授予他代表美国最高荣誉的"国会荣誉勋章"。

然而,没过多久,就从朝鲜方面传出一条惊人的消息:迪安少将没有"阵亡",而是在大田战役中被朝鲜人民军俘获,并且在朝鲜北部战俘营中受到人道主义的宽大待遇,身心都很健康。美国舆论一片哗然,正直的美国人民则感到自己受到欺骗和愚弄。

沃尔顿·沃克官拜美国第 8 集团军司令,陆军中将,无论是军阶,还是职务,都比少将师长迪安要大。同样是吃了败仗,但是美国当局和军方对于沃克中将的死却不像"失踪"的迪安少将那样,赞誉他是"以身殉职",并"隆重授勋"。这一次,美国当局没有怎样声张,媒体也没有大肆渲染,人们只知道沃克将军是在败退途中死的。关于沃克的死因,当时传说纷纭,有说是翻车死的,有说是焦渴至极而亡,也有说是气急败坏而暴毙的。至于他究竟是怎样死的,一直是一个谜。

半个世纪之后,美国纪念朝鲜战争 50 周年活动时,一家美国出版的报纸才披露,当年沃克中将率领的高度机械化的部队,在山多湖多的狭小地带,哪里摆弄得开! 于是,在溃败途中、在公路上,车挤车,人挤人,乱作一团,高度机械化部队的负面效应发挥得淋漓尽致。沃克中将所乘的吉普车就是在这种极度混乱的情况下,被自己部队的军用 10 轮大卡车撞毁而丧生的,半个世纪的谜团终于破解。沃克中将死得并不"光彩",这大概就是美国当局和军方默不作声的原因吧!

第二次战役始于 1950 年 11 月 25 日。沃克中将惨死的第 2 天,即 12 月 24 日胜利结束,历时一个月,敌军被驱回至"三八线"以南。总计敌军被毙、伤、俘 3.6 万余人,相当于第一次战役的将近 1.5 倍,其中美军 2.4 万人。麦克阿瑟吹嘘的所谓"圣诞节总攻势"变成了"圣诞节总败退",美国侵略军被迫从进攻转为防御。

美国作家小克莱·布莱尔在他的作品中关于第二次战役写道:"1950 年 11 月 25 日天黑不久,灾难降临了,约 20 万中国人插进沃克的第 8 集团军与阿尔蒙德的第 10 军之间的空隙……两天后,11 月 27 日东线战场,另一支中国集团军对第 10 军发起攻击……事情很快就明朗了,联合国军遭遇的是第一流的军队。令人吃惊的是,中国人纪律严明,指挥有方,沃克的第 8 集团军被这突如其来的袭击完全打晕了头,很快就后撤了。"

美国方面把他们在第一二次战役中的失败,说成是"继珍珠港事件后美国最惨重的败绩",并认为麦克阿瑟的"圣诞节结束朝鲜战争的总攻势"是"历史上最大的愚蠢事件"。

1950 年 12 月 16 日,美国总统杜鲁门宣布,国家处于紧急状态,行使总统战时权力。

3.好战的败将被解职

沃克中将在第 2 次战役中被自己的败军军车撞死后,侵朝美军第 8 集团军司令一职由李奇微将军接任。

侵朝美军第 8 集团军指挥官马修·B.李奇微中将

由于侵朝美军连吃败仗,损兵折将,伤亡惨重,内部意见纷乱,矛盾加深,美国当局不得不频繁地易帅换马。1951 年 4 月 11 日,第四次战役正在激烈进行,尚未结束,杜鲁门就行使他的"总统战时权力",将好战的败将麦克阿瑟解职,麦克阿瑟就灰溜溜地返回美国去了。所谓"联合国军"总司令一职由美国陆军副参谋长马修·李奇微接替,而范佛里特将军则继李奇微出任美国第八集团军司令。

如前所述,骄狂自大的败将简直是目空一切,其实美军官兵对麦克阿瑟都有看法。

1951 年 1 月 23 日下午,一位志愿军干部在汉江北岸一个临时战俘收容所,与在第三次战役中被俘的美军第 24 师第 19 联队中尉排长卡勒特尔·W.凡欧曼、汤姆·D.特里勒、乔治·E.陶尼,士兵恩瑞勒·M.斯特尔、旦尼尔·M.莫斐等人谈话,当谈到"麦克阿瑟总司令说你们能够挡住中、朝人民大军"的问题时,被俘的美军士兵斯特尔说:"谁相信他的鬼话! 如果真行,还连连吃败仗吗?"

"麦克阿瑟就是好吹牛,爱扯谎。1950 年他曾告诉我们:圣诞节前要结束朝鲜战争,我们可以回国过圣诞节,可是我们许多人都到你们这里过圣诞节了。"被俘的美军士兵莫斐接着斯特尔的话说。

"在我们退守三八线的时候，麦克阿瑟还说：'我们一定要把共军挡在三八线以北。'可是你们一进攻，三八线防线就垮了，否则，我们怎么会这么快就被俘呢！"被俘的美军排长凡欧曼说。凡欧曼同另外两名美军排长在麦克阿瑟说大话"要在（1950年）圣诞节前结束朝鲜战争"的时候，他们3人都还在纽约，可是几天以后，他们便接到命令"增援"朝鲜。1950年12月1日刚到朝鲜，1951年1月3日就在"三八线"上被俘虏了。

麦克阿瑟本人在以美军为主的"联合国军"北犯途中，自知碰了硬钉子，但他仍不醒悟，他在1950年12月2日给美国总统杜鲁门的电报中说："我们面对的是一场完全新型的战争。……以往那么成功地用来指导作战的战略思想，现在用来对付这样的强国就不行了。"但他仍顽固地坚持要把其侵略战火扩大到我国内地和沿海。麦克阿瑟于1951年3月24日在东京发表声明说："如果联合国决定改变它为了把战争限制在朝鲜境内而做的容忍的努力，而把我们（美国）的军事行动扩展到它（中国）的沿海与内地，则赤色中国必定会立即发生军事崩溃。"

第二天，即1950年12月3日，麦克阿瑟竟因在第一、二次战役惨败而向美国参谋长联席会议提出4项对中国的"报复"措施：（1）封锁中国海岸；（2）轰炸中国本土的军工企业；（3）派蒋介石军队入朝作战；（4）要蒋介石军队对中国大陆进行牵制性进攻。

但是，美国参谋长联席会议则认为："中共现在十分强大。如果他们全力以赴，完全可以迫使'联合国军'撤出朝鲜。"并于1950年12月9日向麦克阿瑟发出训令：要求保存"联合国军"的实力，"预为从朝鲜半岛进行有序撤退创造条件"。

1951年4月11日第四次战役仍在激烈进行时，美国总统杜鲁门命令"联合国军"总司令、美国陆军上将麦克阿瑟交出指挥权。在白宫的新闻发布会上，发言人向媒体宣读了以下简短的声明：

"很遗憾，我不得不宣布，道格拉斯·麦克阿瑟将军在他的职位上没能认真地遵守（美国）国家及联合国的对外政策……远东地区的指挥官必须进行更换。因此,我决定免去麦克阿瑟将军的职务。"

当时,麦克阿瑟在日本东京,事前本人并没有收到总统的该项命令,一直被蒙在鼓里,他是从广播中媒体的报道才知道自己被免职这一消息的。

狂妄、好战的败将麦克阿瑟灰溜溜地从东京返回美国去了,但他仍不改其侵略性的好战姿态,念念不忘向美国当局和军方"建议",要把侵略战争扩大至中国,放蒋介石出笼"反攻大陆",甚至叫嚣要使用原子弹对付中国。

这位反法西斯侵略的二战英雄麦克阿瑟将军,受命出任以美国为主的"联合国军"首领,大举入侵朝鲜,遇到正义之师中国人民志愿军,被打得落落大败,自己从反侵略走向侵略,从正面走向反面,从巅峰跌入谷底。1964 年,极端高傲自负的美国将军麦克阿瑟郁郁寡欢地离开了人世,终年 84 岁。

4. 武器装备极不对称不妨碍志愿军打胜仗

这是一场极不对称的战争。所谓"极不对称",是指武器装备方面,美方占据"绝对优势",它不仅有陆、海、空军互相配合,而且有大量飞机、大炮、坦克等先进的武器装备,简直是武装到了牙齿。我志愿军部队则是小米加步枪,再加上一些迫击炮和反坦克手雷,如是而已。然而,这并不妨碍我志愿军打胜仗。在敌强我弱、人员装备极不对称的情况下,中国人民志愿军发扬我人民军队不畏强敌、不怕疲劳、敢打敢拼、英勇顽强的优良传统,在历次战役战斗中,打出了中国人民的志气,打出了我人民军队的军威,实现了拒敌于国门之外,捍卫了新的人民共和国的安全。

在战役和战斗的间隙,志愿军战士们在一起总是谈笑风生地畅叙对敌作战的情况、经验和感怀。

一位志愿军战士满怀信心地说:"我志愿军同美军的武器装备相比,确实极其悬殊,但他们来朝鲜是搞侵略,我们是正义之师。我们有高度的爱国主义觉悟,有高昂的军心士气,有一定要压倒敌人而绝不被敌人所压倒的坚强信念和决心,这是士气萎靡不振的美国侵略军所无法比拟的。"这位战士还说:"李承晚军战斗力弱,易打易捉;美军较强,死多活少,但美军比起蒋介石的某些军队来,其战斗力还要差些。"

另一位志愿军战士说:"美军武器装备精良,又有海、空军,白天正面攻击,搞立体战,晚上就龟缩起来了。我们武器装备比不过他们,就以己之长,攻彼之短,大搞夜战、近战,打手榴弹、拼刺刀,美国兵害怕极了。"

一位志愿军驾驶兵满怀豪情地说:"美国侵略军自恃飞机多,到处乱扔炸弹,轰炸、扫射、搞封锁,但是他们的飞机和炸弹无论如何也阻挡不了志愿军的武器弹药和军需物资源源不断地运往前方。"

军事打击和政治瓦解相结合的艺术

1. 瓦解敌军　宽待俘虏

众所周知,毛泽东主席在抗日战争时期即提出,八路军政治工作的基本原则有三:第一,官兵一致的原则;第二,军民一致的原则;第三,瓦解敌军和宽待俘虏的原则。毛主席说:"我们的胜利不但是依靠我军的作战,而且依靠敌军的瓦解。"这是毛泽东主席在抗日战争时期和英国记者贝特兰的谈话中所作的著名论断。

解放战争时期,毛泽东主席在《和英国记者贝特兰的谈话》中又提出:"一切俘虏,不许杀害、虐待与侮辱。"

在抗美援朝战争中,中国人民志愿军从入朝作战的那一天起,就是在给予以美国为主的"联合国军"凌厉的军事打击的同时,大力开展瓦解敌军和宽待俘虏的政治工作,及至经过5次战役打了大胜仗,从政治上瓦解敌军的工作一刻也没有放松。

美国当局和军方在发动侵略朝鲜战争之前和之后,就一直对其官兵大肆进行欺骗宣传,说什么朝、中方面"虐杀战俘""被共产党俘虏了是要'砍头'的",等等,这类谎言在朝鲜战争初期在美军官兵中曾一度产生过一些迷惑作用。因此,战争的初始阶段,美军吃了败仗,其官兵死伤者已矣,活着的总是东躲西藏,好打不好抓。

关于这方面,志愿军战士深有体会。同武装到牙齿的美军作战,这在我人民军队的历史上是头一回。我志愿军战士不仅在战场上英勇善战,而且善于抓美军的特点,及时总结经验。

志愿军战士小李说:"好家伙！美国军队那么多精良的装备,又有'海空优势',是只真老虎,这是需要认真对待的。"

志愿军战士小王说:"别看它那么张牙舞爪,气势汹汹,它又是一只纸老虎。'银样镴枪头',不禁打。你看,经过一二次战役,志愿军歼灭美军大量有生力量,迫使美国侵略军从鸭绿江边溃逃至'三八线'以南。"

志愿军战士林艺说:"不管是真老虎,还是假老虎,老虎屁股不是摸不得的。我们就'摸'到了两点,一是美国军队的特点有'四多一快',就是飞机多、大炮多、坦克多、汽车多,逃得快。他们在吃了败仗后,逃得比谁都快。二是美国军队'好打不好抓'。"

事实确实如此。朝鲜战争初期,就出现了这样的情况:最初几次战役、战斗中,毙、伤敌军的数量在俘获敌军官兵数量的3倍以上。

中国人民志愿军以劣势装备但却是极其高昂的士气,与朝鲜人民军并肩战斗,给予了武器装备精良、自诩具有"空中优势"的美国侵略军一次又一次沉重的打击。特别是经过志愿军发动的5次战役的连续打击,以美军为主的"联合国军"的嚣张气焰受到重挫,在美国朝野和舆论界引起了一片惊恐。

2. 受美、英军官兵欢迎的"安全通行证"

中国人民志愿军入朝参战后,彭德怀司令员即与朝鲜人民军最高司令官金日成联合签署宽待俘虏的命令,作出4项规定:

(1)保证战俘生命安全。

(2)保留战俘个人的财物。

(3)不侮辱战俘人格,不虐待战俘。

(4)如战俘有伤、有病,给予治疗。

此项宽待俘虏的政策规定,除向朝、中部队进行教育并要求严格执行之外,志愿军特地精制成传单,在前线散发,揭露美国说朝、中方面"虐待""砍头"等等的欺骗宣传,减消美军官兵的敌对情绪和恐惧心理。

许多美军官兵都收藏着志愿军的传单和"安全通行证",美军和

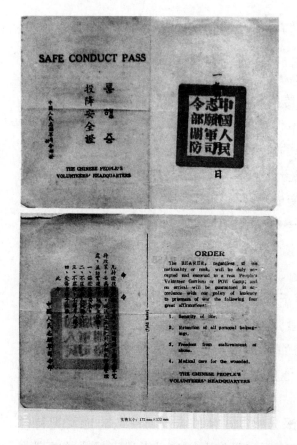

中国人民志愿军的传单——"投降安全证",单向适用于向志愿军投降的美、英军官兵;后来改为"安全通行证",也适用于在火线被释放的美、英军战俘,具有双向通行作用。无论是哪种通行证,在战场上都受到美、英军官兵的欢迎

南朝鲜李承晚军的许多官兵都把我方的"安全通行证"看作是"救命符"一般,极为珍视。被俘的许多敌军官兵都向我方战士展示了他们收藏的志愿军的"安全通行证"。

志愿军初期的通行证,标题用的是英、朝、中3种文字,中文标题是"投降安全证";宽待政策的4项规定,用的是英文和中文。考虑到这种通行证对于放下武器向志愿军投降的美、英军官兵,单向适用,为了也适用于那些在火线被释放的美、英军战俘,后来通行证的中文标题就改成了"安全通行证",具有了双向通行作用。

但是，无论是哪种通行证，都受到了美、英官兵的欢迎和珍惜。

3.侵朝美军从"好打不好抓"到"好打又好抓"

随着志愿军对敌宣传的持续、深入和宽待俘虏政策的影响扩大，情况逐步有了变化，不仅被俘的美军官兵多了起来，在战场上打起白旗、或者是举手投降的也多了。

曾几何时，志愿军战士还感到美国军队"好打不好抓"，此时，战士们的这种感觉很快就变成了：美国军队"好打又好抓"！

1950年12月31日至1951年1月8日进行的第三次战役中，志愿军在朝鲜人民军的紧密配合下，一举突破"三八线"敌军阵地，占领了汉城，歼敌1.9万余人，俘获了大量敌军官兵。

宽待俘虏，我志愿军干部、战士不仅是这样宣传的，而且贯穿到行动之中。即使战事再紧张，条件再艰苦，也要按照宽待政策精神，做好俘虏管理工作，千方百计地稳定他们的思想情绪，解除他们害怕被"砍头"的心理，给他们食物和饮水，对伤病战俘予以包扎和治疗。

这些事实使战俘们深为感动。他们亲身感受到志愿军宽待俘虏是真的，同二战中纳粹德国和日本军国主义者残害战俘的情况根本不一样。美国当局和军方所说志愿军"虐杀战俘""被俘后要砍头"，等等，则不是真实的，他们感到自己上当受骗了。

在志愿军宽待政策的感召下，被俘的美军士兵麦克道弗拉尔主动地给美军官兵写了一封劝降信。信的全文如下：

美军官兵们：

这是一个被俘的美军士兵写给你们的信。我相信，如果你们向中国人民志愿军投降，就可避免无谓的牺牲。志愿军对待我和其他被俘的人都非常宽大。

美军骑兵1师麦克道弗拉尔

1951年1月1日

然而,这封劝降信还没有来得及发出去,美军第 24 师第 19 联队 240 人,就打着小白旗,走过来向志愿军集体投降。

这种情况使美国军方恼羞成怒,美军的大炮、飞机竟向这支向志愿军投降的美军队伍猛烈开火。即使这样,也未能阻止他们向志愿军投降。除将近一半人被美军自己炸死、炸伤外,仍有 109 人突破美军的火力网,到达志愿军战俘收容所。

一名被俘的美军第 24 师第 9 联队 1 营 2 连的中尉排长说:"我妻子非常担心我的生命安全,如果她知道我现在已到了中国人民志愿军方面来,她一定会由悲痛转为庆幸的。"

一批到达志愿军后方战俘营的美、英军被俘人员 29 人,其中包括少校 1 人、上尉 2 人、中尉 7 人,经过讨论,联合发表声明,一致对志愿军给予他们的宽大待遇表示感谢。

被俘的美国海军陆战 1 师上尉、美联社随军记者弗兰克·诺尔也在声明上签了名。

他们的声明如下:

> 我们在此签名的人们愿对朝鲜人民军和中国人民志愿军表示感谢,因为他们人道地、有礼貌地、仁慈地对待我们。我们居住在温暖的屋子里,而且吃得很好,我们受到真切的照顾。我们期盼和平,热望朝鲜问题早日得到解决。
>
> 29 人签名

4. 美军军法处长——替罪羊

宽待俘虏,这已是众多的被俘美、英军官兵的亲身感受,也是举世公认的事实。然而,总有那么一种人,既不读书,也不看报,他们抱着花岗岩的脑袋,像驼鸟一样不顾客观事实,颠倒是非,信口雌黄,滥调重弹,闭着眼睛硬说朝、中方面"虐杀战俘"。侵朝美军第 8 集团军军法处上校处长詹姆斯·汉莱就是这种人。

这位美军军法处处长先生刚到朝鲜一个星期,就于 1951 年 11 月 14 日发表"声明",煞有介事地说什么朝鲜人民军和中国人民志愿军"虐杀"了多少千名战俘,一时间,在朝鲜南方、在美国内外,闹得乌烟瘴气。

汉莱的"声明"一出来,就遭到朝、中方面的严厉谴责。

朝鲜人民军总部发言人和中国人民志愿军司令部发言人分别发表谈话,援引大量事实说明朝、中方面宽待俘虏,这是全世界人所共知的。发言人揭露说:"美方说:'中国人民志愿军第 81 师第 23 团团长曾下令处决美国海军陆战队被俘人员。'然而中国人民志愿军根本无此番号。"美方如此这般蓄意造谣,其目的在于为士气低落、日益厌战的美国侵略军打气,促使他们继续在战场上卖命。

朝、中部队的发言人都说,屠杀美军俘虏的不是别人,恰恰是美国军方自己。从 1951 年 2 月至 10 月间,美国飞机迭次轰炸扫射朝鲜北部一处毫无军事目标的志愿军战俘营:

第一次在 1951 年 2 月 19 日下午 2 时 30 分;

第二次在 3 月 17 日;

第三次在 4 月 2 日;

第四次在 4 月 22 日;

第五次在 10 月 13 日晚。

在这 5 次突袭中,美国飞机一共炸死、炸伤美、英等国俘虏 62 人。

这个战俘营的 1262 名俘虏于 1951 年 10 月间联名发表抗议书,抗议美国当局及军方派飞机炸死炸伤美、英战俘的残酷暴行。

许多被俘的美军官兵用自身的经历斥责汉莱的造谣污蔑。

被俘的美军第 2 师士兵奥托·贝尔给他妻子写信,揭发美军虐杀朝、中被俘人员的罪行,并列举事实说明朝、中方面宽待俘虏。他在信中说:"我被俘时,5 个志愿军战士前来和我握手,真是出乎我的意料。当时我饥寒交加,中国人把我带到一个暖和的地方,给我食品,里面有牛肉和马铃薯,并叫我安心。我作为志愿军的俘虏已 10

个多月了,我从来没有受到过任何伤害。"

在西线被俘的美军骑 1 师第 7 团 1 营 3 连士兵赫伯特·施维蒂说:"长官们惯于进行欺骗宣传,令人气愤。这次汉莱的话就是个欺骗,我们早已不相信他们这一套了。尽管他们天天造谣,说中、朝军队'虐杀俘虏',但是我们从被中、朝部队释放回去的俘虏口中,知道了和他们造谣相反的事实,所以我们许多人都暗藏着中、朝部队散发的'安全通行证',以备在战场上寻求生路。"

施维蒂还说:"我被俘后,亲身感受到志愿军的宽待——发给我新棉衣,给我烟抽,这些都证实了我的朋友们所说的话。"

在国际上,舆论界对汉莱的谎言一片哗然。美国人民也纷纷提出质疑,同声谴责,指斥汉莱"究竟想干什么"!

美军一个上校军法处长,采取发表"声明"的方式,公然散布谎言,在各方面同声谴责和驳斥下,使得美国当局和军方自己陷入非常混乱的境地,窘迫不堪。

1951 年 11 月 18 日,新华社的一则电讯说,"联合国军"总司令李奇微上将佯装对此事"毫无所知",要派人"进行调查"。李奇微于 1951 年 11 月 17 日发表声明,对汉莱"遽尔发表这个声明",表示"非常遗憾"。

美国国防部长也慌忙出来表态推卸责任,说美国国防部"还没有得到什么情报可以证明这种说法(指汉莱的谎言)",并以美国国防部的名义发表公报说:"(汉莱的)报告在发表前并未与此间官员咨商。"

英国政府也说:"没有从谍报方面得到(关于所谓'暴行'的)任何消息。"

总之,这件事情闹大了。而美军军法处长汉莱又不甘心充当替罪羊,他表白说:"我一个小小的芝麻官,哪敢信口开河!我当然是奉到高层的批准才发表这个声明的。"不过他承认,他这样做的目的,就是要叫美军士兵不要相信中、朝人民军队宽待俘虏的政策,不要相信"如果被俘,就会享受优待"的事实,以驱使他们继续作战。

就这一点来说,倒也印证了朝、中军方发言人所揭露的、美方指使汉莱重复散布那些陈词滥调的目的。

美国有些人并没有从"汉莱事件"中吸取教训,他们坚持顽固立场,甚至于在朝鲜实现停战、美国战俘被遣返回国之后,他们还在向被遣返人员搜集朝、中方面"虐杀战俘"的材料,企图用以欺骗世人。

但是,被遣返回国的美军战俘即使在强大的压力之下,也不愿违背自己的良心,坚持讲事实,说真话。

1953 年 8 月 6 日被遣返的美国海军陆战队士兵柯纳斯、肯尼迪、贺林吉等人都说,朝、中方面给他们的待遇很好。肯尼迪原在志愿军战俘营当炊事员,他说在战俘营中伙食办得很不错。就是美方接收被遣返战俘的医院负责人西马尔上校,也承认被遣返的战俘们"都没有营养不良的情形"。

合众社的报道说,被遣返的美军下士战俘培克威士在谈话中,对朝、中战俘营里一位挽救了许多战俘生命的吴姓女医生表示感谢。培克威士说:"她救了不少人的生命,她放手使用她所有的药品。她替我割盲肠,手术很好,开刀以后,她通宵守候在我身边。"

美联社的报道说,负责检查英军战俘身体的英联邦军官坎奈上校对该社记者说,他没有发现朝、中方面对战俘待遇有危害身体健康的证据,朝、中战俘营的医生"手术进行得很好"。

美联社记者自美国北卡罗来纳州的另一则报道说,被释放回到美国的战俘平克斯顿在会见记者时说,所谓朝、中方面"虐待"美国战俘的传言"全都是谎话"。他说,管理战俘的人"尽一切可能让我们生活过得愉快,准许我们玩球和游泳。他们并倾听我们的意见,只要是能办到的事就办","我没有看到过任何人受虐待"。

时至今日,美国参议院还有人在重复这种早已破产的滥调。据日本共同社华盛顿 2008 年 12 月 11 日电,由美国参议院军事委员会主席莱文和麦凯恩花了两年时间主持撰写的一份"报告",竟谎称美军在古巴关塔那摩及伊拉克等地施行的"虐囚手段"是"参考了朝鲜战争期间中国(人民志愿军)对美军战俘的拷问"。真是颠倒黑白，混淆是非，莫此为甚！麦凯恩是败选于奥巴马的美国总统候选人，难怪美国人民不喜欢麦凯恩这种爱扯谎的人，不选他当总统，也就不足为奇了！其实，这个问题很简单，它的真伪好坏，明眼人一眼就可看穿。麦凯恩先生们捏造了个"虐待门"的弥天大谎，用以蒙骗世人。他们设置这么一个"套"，把别人妖魔化，而自己又来"参考""学习"，拼命往"套"里钻，那他们自己不也就成了妖魔坏蛋了吗？这是他们花了两年时间炮制出的"不打自招术"。

在战役战斗中搜捕俘虏

1.干部战士齐出动打扫战场

每次战役或战斗过后,志愿军部队在打扫战场的过程中,到处可见紧张而又激动人心的场景。有的战斗地区不仅参战部队的干部、战士、翻译人员等出动打扫战场,连医护人员、通信兵、炊事班成员、文艺工作者,以及其他非战斗人员、后勤人员等,也都踊跃地参与其中。他们收集敌军溃逃时丢弃的大量武器、弹药、辎重、车辆、坦克,以及形形色色的军用物资;掩埋掉在战斗中被击毙的敌军官兵尸体;对被敌军遗弃的伤病战俘进行紧急包扎处理,警惕地搜捕俘虏,将他们集中起来,分批送往前线临时战俘收容所。

周道是志愿军第九兵团俘虏管理团的英文翻译。

第二次战役在东线长津湖地区进行时,志愿军第九兵团的主要对手是美国"王牌部队"海军陆战第 1 师。密集的炮火猛烈地射向敌方,隆隆的炮声地动山摇,美国的"王牌部队"被志愿军部队团团包围。但是,由于志愿军的武器装备不足,一部分残敌丢下很多尸体和伤员,突围逃跑了,只有几百名美军陆战 1 师的官兵被俘,不断有美国空军飞机飞来追杀、轰炸、扫射。

隆冬时节,气温降到零下 40 摄氏度。

"尽管情况紧急,条件又如此恶劣,我们仍要不折不扣地执行宽待俘虏的政策,想方设法将伤俘包扎好,将俘虏们尽快转送到比较安全的收容所去!"志愿军前线部队俘管团的一位领导干部对周围打扫战场的官兵们说。一批又一批美军战俘被送到了离火线较远的战俘临时收容所。

华川地区战役过后,兵团俘管团王参谋长和翻译周道带领一个警卫排到离火线 1.5 公里处驻扎,准备收容战俘。

3 颗红色信号弹在志愿军阵地上空升起,志愿军部队发起了猛攻。

"周翻译,我们抓到俘虏了!"一位志愿军战士对着周道喊道。

几名志愿军战士押着 20 多名战俘从战场下来,其中有的俘虏还想挣扎,周道用流利的英语大声喝道:"我们是中国人民志愿军。你们被俘了! 你们必须服从我们的命令!"

周道宣布志愿军宽待俘虏的政策。俘虏们顿时安静下来。在向后方收容所转移的途中,没有一个战俘掉队、逃跑,或是调皮、不服从管理的。

2. 一个通信兵捕获 80 个俘虏

由于美军官兵听信了美国当局及军方的不真实宣传,担心被俘了会受虐待,遭杀头,他们对志愿军宽待俘虏的政策不了解,因而在美军部队吃了败仗后,来不及逃跑的美军官兵,总是东躲西藏,企图蒙混脱逃。于是,志愿军官兵在加强警戒、防止敌军反扑的同时,想方设法抓捕俘虏,就成了志愿军官兵一件十分兴奋的事情。

一位志愿军通信兵在沿山坡检查电话线路。忽然间,这位志愿军通信兵发现山坳里有一伙美军官兵。他立即拔出手枪,对空开了两枪,以示警告。清脆的枪声在山谷间回荡,他用刚刚学会的英语短语高声喊道:

"Put down your weapons!"("放下武器!")

"Hands up! Come along!"("举起手来! 快!")

但见一群衣衫褴褛的美军官兵举起双手,呈蜿蜒曲折的一路纵队,步履蹒跚地从山坳里走了出来。

战友们迅速赶到,同这位通信兵一起清点,被俘的美军官兵整整 80 个。

3. "炕底或许有只'猫'。"

1951 年的一个冬日。天寒地冻。经过激烈的战斗之后,美军部队由北向南溃逃了。村子里已没有人烟,老百姓早就疏散到深山老林去了。经过美军飞机的轰炸及战斗的破坏,村里大多数房屋已只剩下一些断瓦颓垣,有两三间房子也是残破不堪。

志愿军官兵进村打扫战场时,来到这几间破屋。朝鲜老百姓家里一般都是利用烧水、做饭的余热,通过地炕引向炕屋,保温取暖的,炕屋的另一端则是排烟的烟道口。一位战士弯腰向炕底望去,看到炕底深处似乎有什么东西。

中国人民志愿军战士抓捕俘虏

"炕底或许有一只'猫'。"志愿军战士对他的战友说。

"快,找一只长竿来。"这位战士用长竿伸进炕底,捅了一下,没有动静;他再一拨动,一声惊叫从炕底传出。

"什么人? 快出来! 缴枪不杀!"志愿军战士端着枪,大吼一声。

一个蓬头垢面的人从黑洞洞的炕底爬了出来,举起双手投降。原来这是美军败溃时来不及逃跑的一名士兵,这个藏匿起来的二等兵厨师就这样当了俘虏。

4. 高射炮兵既打敌机又抓俘虏

1951年3月12日上午,天气晴朗。

保卫成川沸流江桥的志愿军高炮524团的战士们正在擦炮。

电话铃响,观测所电话报告:"有敌人的喷气飞机飞来。"

"各就各位!"小队长一声令下。随着敌机飞临战区上空,小队长的战旗一挥,炮声震天价响。美军一架F-84型喷气机的尾巴被打掉了一半,歪歪扭扭地向远方逃去,另外3架敌机无心恋战,也跑掉了。

当天中午,又有美国的P-51型螺旋桨战斗机飞来袭扰。炮手余如林首先开炮,紧接着群炮一齐开火。两架"野马"被交叉的火网包围住了,其中一架被击中,一头栽了下来,飞行员跳伞降落了。

"快! 带着卡宾枪,抓俘虏去!"

"我们来个'一条龙'作业:既打敌机,又抓俘虏。"

几位高射炮手迅速从战斗岗位下来,带着枪,向降落伞坠落的地方冲去,刚刚着陆的美军飞行员举起了双手。懂英语的文书冒怀恭与这个美国空军战俘交谈得悉,他是美国空军第35战斗机联队第4中队少校副中队长卡尔·奥勃莱。

友邻部队的战友们迅速赶来,将这个美国空军战俘转送到了志愿军战俘收容所,这个美军战俘受到了志愿军的宽待。

5. 双双被俘

一个昏暗的夜晚,在朝鲜北部一个丘陵地带的上空,隆隆的飞机声响起,但是敌机既没有扔炸弹,也没有开机关枪扫射。

"敌机可能是空投特务来了,立即展开搜寻。"一位朝鲜人民军军官向驻守的官兵命令道。

果然不出所料,军民们在树林中抓到了几名南朝鲜李承晚军的空降特务、一名美军情报官,还有一台发报机和一些特务用的工具、器材。

那名经过特殊训练的美军情报官刚一着地，就觉得自己已经陷入朝鲜军民的天罗地网，于是立即发报，要求美国军方设法前来营救。

夜空中传来直升机的声音，一架直升机很快悬停在林边空旷处的上空。被俘的美军情报官如箭离弦般地向直升机冲去，他抓住了直升机刚刚放下的绳梯往上爬。

朝鲜军民组织火力对那架直升机和美军情报官严密监控着，但是没有立即开火。

忽然间，那架直升机一个鹞子翻身，栽了下来，那架直升机的驾驶员不仅没有把被俘的美军情报官救走，自己也被摔伤，当了俘虏。

"你的驾驶技术太差劲，害得我再次被俘！"被俘的美军情报官埋怨来搭救的直升机驾驶员说。

"不！你太过紧张了，导致直升机失去重心，机翻坠落。"直升机驾驶员也是对美军情报官满腹怨气。

6. 用刚学会的英语短语喊话抓俘虏

志愿军部队发动的第五次战役打响了，敌军闻风而逃。志愿军第26军的部队一气追击30多公里，后勤供应一时没有跟上。志愿军第26军232团6连通信员徐洪林想到附近给营部的战友们找些吃的东西，他走进了一个地堡。突然，几个美国兵出现在眼前，徐洪林机警地端着枪，举起手榴弹，用刚学会的英语短语高声喊道：

"Hello! Put down your guns, no killing!"（"喂！放下武器，缴枪不杀！"）

躲藏在地堡里来不及逃跑的美军官兵听到喊声，本能地举起双手，表示投降。

徐洪林示意他们双手举过头顶，走出地堡，武器物品暂留洞中。他一清点，刚好是7名俘虏。

徐洪林喜滋滋地对自己说："在那紧急关头，真想不到我这山东人刚学会的英语短语喊话,还真管用,美国兵也听明白了。"

徐洪林赶紧押着俘虏赶回营部,再领人来收拾武器弹药和其他战利品,其中还有同志们急需的饼干、罐头等食品。

营长向刚被俘的 7 名美军官兵讲解了志愿军的宽待政策精神,并分给他们一些吃的东西。战俘们知道自己没有生命危险,也就同志愿军战士们一起共享战利品。

饭后,营长笑眯眯地对徐洪林说:"小徐,光凭这些美式餐点,就该给你记功。何况还有 7 个俘虏,更应评功。"在战后的评功会上,徐洪林真的评了个一等功。

7. 逃跑的俘虏又抓回来了

在前方临时战俘收容所,一个被俘的英军情报官趁黑夜逃跑了,他的目的地是东海岸,想在那里等待美、英军的飞机来救援。

他昼伏夜行,靠星象知识辨别方向。时值深秋,饿了就在山野里找点红薯充饥。经过几昼夜的艰难跋涉,终于来到了东海岸边。极目远眺,大海深处似乎有美国军舰,但无法取得联系。

几次有美国飞机从头顶掠过,这个英军情报官脱下衣服,拼命挥动,都无济于事。

"啊! 上帝! 奈何,奈何!"这个英军情报官忍不住仰天长叹。

后来,还是朝鲜老百姓发现了这个英军情报官,一群妇孺老幼将他团团围住。

"你们美国、英国派那么多军队来到朝鲜,又烧屋,又轰炸,搞得我们家破人亡,究竟是为了什么?"一位"阿妈妮"(老大妈)指着这名英军情报官的鼻子训斥说。

"……"由于语言的关系,英军情报官是否听明白了这些意思,也不知道,他只是沉默不语。

"你为什么要逃跑?"一个朝鲜少年问。

"我们要好好惩治一下他!"一位朝鲜阿几莫妮(大嫂)说。

"请大家静下来! 我看还是将他交给志愿军去吧。"一位年长的

"阿爸基"（老大爷）一说话，大家都听从了。

于是，没有逃脱的英军情报官被送到了志愿军战俘临时收容所，这个饥寒交加的英军战俘这才免于冻死饿毙和惩治之苦。

8."志愿军执行宽俘政策是认真的。"

在志愿军的沉重打击下，侵朝美军连吃败仗，丢下许多伤员、尸体和军用物资，从朝鲜北部向南溃逃，被志愿军俘虏的美军官兵越来越多。一时间，前线临时战俘收容所食品供应非常紧张，香烟更是奇缺之物。

"你说英语吗?"一个被俘的美军军官鼓起勇气问一位志愿军干部。

"你有什么事情？说吧。"这位志愿军干部恰好是一名翻译。

"能不能给我几支香烟抽?"美军战俘脱下手腕上的金表递给翻译，要求用他的金表换香烟。

"你刚放下武器，对志愿军的政策不清楚，这是可以理解的。"翻译正色道，他随即向这个美军战俘讲解了志愿军宽待俘虏的政策。

"志愿军对俘虏不打、不骂、不侮辱人格，不要俘虏的私人财物，有伤有病给予治疗，这就是志愿军宽待俘虏的政策。"翻译说:"你把表收起来吧! 香烟，我可以给你一些。"

这个战俘听了这番话很感动，这件事很快在战俘中传开了。

"志愿军廉洁，不贪财，执行政策是认真的。"战俘们异口同声地谈论。

他们眼中的志愿军

1."没有吃,没有穿,自有那敌人送上前。"

在临时战俘收容所的一间破损的屋子里,10多名志愿军干部、战士围成一个圆圈,席地而坐,地上摆放着缴获来的各种各样的美国军用食品、已经启开的肉食罐头、香烟、饮料等等。屋子的里里外外堆放着许许多多装满军用食品的纸箱,上面标明"Made in USA"(美国制造)。

兵团的俘管团王参谋长走进屋里,笑眯眯地说:"呵!好家伙!今天这么热闹!原来是美国军队给我们打牙祭(加菜)啊!"

"参谋长请坐下,我们都等你吃饭呢!"众人说。

俘管团王参谋长是一位参加过抗日战争和解放战争的干部,他管理过日军战俘和蒋介石军队的俘虏。他也席地而坐,显得很兴奋的样子。往事一幕又一幕浮现在他的眼前:在8年漫长的抗日战争中,我们用小米加步枪,打败了穷凶极恶的日本侵略者;在3年多的解放战争中,歼灭了由美国一手扶持起来的蒋介石集团800万军队,缴获了大量的美式武器装备,武装了我们自己,蒋介石也因此获得了一个"运输大队长"的绰号;这一次,年轻的人民共和国成立仅8个多月,我们就开赴抗美援朝、保家卫国的战场,一把炒面加一把雪当口粮,抗击武装到牙齿的美国侵略者,打了一个接一个的胜仗,缴获了大量美国军用物资,捕获了一批又一批的俘虏……

浮想联翩,思绪万千。王参谋长不由得轻轻地哼唱了起来:"……没有吃,没有穿,自有那敌人送上前;没有枪,没有炮,敌人给我们造……"

参谋长猛地抬头，对大家说："历史与现实何其相似啊！现在，我们吃的许多东西，大量武器弹药以及辎重、车辆，不都是从美国军队那里缴获过来的吗?!"

志愿军战士小李笑着高声嚷道："太妙了！当年日本鬼子侵略中国，不断送来武器弹药给我们八路军，使我们的作战物资源源不断地得到补充；后来蒋介石又将美国运给他的大量美式武器装备转给了我们，蒋介石因而得了个'运输大队长'的美名；现在，美国总统杜鲁门又叫他的侵朝美军直接送来这么多的武器弹药和装甲车辆，还有堆积如山的罐头食品之类好吃的东西，杜鲁门总统可称得上是'运输总队长'了！"

王参谋长听了哈哈大笑，他说："你这个小鬼头！说得太对了，我们应该封杜鲁门为'运输总队长'！"

王参谋长话锋一转，对大家说道："同志们！大家吃饱了饭，抓紧时间做准备，等上级命令下达后，就将美军战俘分批安全地转送到后方去。"

"是!"干部战士齐声响应。

2. 洪副司令员亲自同俘虏谈话

中国人民志愿军副司令员洪学智主要分管后勤供应，协助彭总进行军事指挥，他在百忙之中也过问从政治上瓦解敌军的工作。一次，他亲自同5名被俘的美军官兵谈话，向他们宣讲志愿军宽待俘虏政策，听取他们对志愿军入朝参战的看法。

洪副司令员："中国人民志愿军对放下武器的美军被俘人员实行宽待政策：不杀、不辱，允许保留私人财物，有伤有病及时给予治疗。你们不必顾虑，说说对志愿军的看法。"

一名被俘的美军连长伸出大拇指说："你们(志愿军)是打仗的专家。啊！请允许我补充一句，谢谢你们对我们的宽待。说实在的，我们并不了解什么是'宽待政策'，副司令员给我们上了很好的一课。"

洪副司令员笑着说:"为什么说我们是打仗的专家?"

被俘的美军连长:"仗,没有像你们这样打的。我参加过第二次世界大战,我们的打法是,把火炮摆好,开炮猛轰,接着飞机来炸,然后步兵上去,可是你们打仗却打到我们屁股后面来了。我们打仗从来不是这样打的。"

洪副司令员:"你们打仗是搞平推;我们则视敌情的不同,(战略战术)机动灵活,穿插、迂回、包抄。"

另一名被俘的美军连长,"我们不熟悉你们这种打法。你们的打法使我们很头疼,我们伤透了脑筋。我们打仗都是一个连、一个营、成群结队地出动,白天打仗,晚上休息。你们的士兵很勇敢,三五个人就干起来了。你们是晚上也打,搞得我们坐卧不安,不知道你们什么时候、从哪里冒出来了。"

洪副司令员:"决定战争胜负的,不是武器,而是人,人的因素是第一位的。我们打仗,充分发挥我军的特长。武器装备虽不如人,却能克敌制胜,就是这个道理。"

3. "向中共司令官致敬!"

安东尼·法勒-霍克利是英国皇家第29旅上尉连长,在第五次战役中被俘。停战后被遣返回国,重返英军,步步高升,直至升任北大西洋公约组织北欧军总司令。这位英国将军坦诚地说:"我当了一辈子兵,同德国兵、中国兵打过仗,也看过美国兵、苏联兵打仗,我看,最优秀的还是中国兵,我赞赏他们。"

再看看第三任"联合国军"总司令、美国陆军上将马克·克拉克又是怎样说的吧,克拉克将军说:"我必须承认,彭德怀是一位资质很高的对手,我们不是在和一个容易被打败的敌人作战。"

接替麦克阿瑟上将出任第2任"联合国军"总司令、原美军第8集团军司令李奇微将军,在撤离汉城时,在他的办公室的一张布条上写道:"美国第8集团军司令李奇微向中共司令官致敬。"

4. 打了胜仗找缺点

"打了胜仗找缺点",这是我人民军队的一项优良传统和作风。志愿军从领导到部队官兵,在漫谈中,在坑道里,在欢庆胜利之余,总是寻找我方的不足之处。主要有三:

一是汽车司机不足。志愿军第 38 军在西线三所里一带缴获的美军汽车就有 1500 辆,但是缺司机,开不动;让会开车的美军战俘来开,总共也只开走 200 多辆,余下的汽车全被美军飞机炸毁了。吸取了这个教训,一方面请求国内多派汽车司机来支援,另一方面,在战地就地培养,并动员有条件的志愿军官兵跟车学习。因此,在以后的战役战斗中,缴获的敌军汽车,都有司机能开下战场了。

二是英文翻译缺乏。抗击美国侵略军为首的多国部队,缺英文翻译,会影响瓦解敌军工作的开展,以及俘虏的收容、转运、管理等项工作。情况和意见迅速反映到了中央。适逢全国各地的知识青年报名参军、参干运动风起云涌,被批准参加抗美援朝的大专院校专修英语的青年学生和谙熟英语的机关干部,入朝后几乎全都编入了志愿军部队各级敌军工作部门和俘虏管理处,成了朝鲜战场敌军工作战线上最活跃的生力军和骨干力量。

三是要多运些"炒面"(也叫"炒米")给前方。志愿军入朝参战之初,主要野战口粮就是"炒面"。何谓"炒面"? 它是由 70% 的小麦、30% 的大豆、高粱和玉米等杂粮混合起来,经过炒熟、磨碎加上食盐制成。战士们在行军、作战时,总是随身斜背一条细长的"炒面"口袋。广大的志愿军战士就是依靠步枪和手榴弹、一把"炒面"一把雪,来抗击武装到牙齿的美国侵略军、接连打胜仗的。这种"炒面"起初由东北地区供应,随后全国许多地区都来大力支援,一时间,形成了男女老少齐动手、家家户户炒面忙的热潮。志愿军战士听到消息说,周恩来总理等中央领导同志在百忙中也都挤出时间,同北京市的群众一道磨炒面,深受教育,深为感动,当即喊出口号:"为炒面而立功打仗!"

运输战线的对敌斗争

1. 国内多派汽车司机支援

中国人民志愿军入朝参战后,接连打胜仗,在第一次战役中,仅缴获的美军汽车就有几百辆;在第二次战役中,缴获的美军汽车达一千多辆。但是缺司机,开不动,大部分汽车都被美军飞机炸毁了,志愿军要求国内多派司机支援。

中国人民解放军湖南省军区的广大干部战士听到这样的胜利喜讯,极为振奋,而又为大量战利品未能及时运下火线惋惜不已,会驾驶汽车的、不会驾驶汽车的,都积极报名要求参加抗美援朝。

笔者的弟弟黄继明,是湖南省军区警卫团机枪组组长,他是被批准参加抗美援朝者之一。他刚刚结束参加湘西清剿武装匪特的作战,便于1952年10月跨过鸭绿江。他被分配在中国人民志愿军后勤部第2分部暂编汽车18团参加后勤运输工作,他讲述了许多亲身经历和耳闻目睹的运输战线对敌斗争的故事。

新入朝的汽车驾驶员都称副驾驶员,因为战场情势瞬息万变。作为运输战线的新战士,对战地环境和道路情况不熟悉,尤其是缺乏通过敌机空中封锁线的经验。因此,充当早先入朝的老驾驶员的助手,谁都没有意见。不仅如此,副驾驶员们总是虚心向老驾驶员学习,黄继明则是在工作中跟车学的驾驶。新入朝的驾驶员、副驾驶员很快都具有了独立在战地做驾驶工作的能力,从而大大地充实了志愿军的运输力量。

2. 炸不断的钢铁运输线

俗话说："兵马未动,粮草先行",可见后勤运输保障工作对部队行军、作战是何等重要。我志愿军在最初入朝时,每一位战士除随身携带的武器、弹药、装具之外,还斜背着一根细长的"炒面袋",全身总携量足足有六七十斤,饿了就从"炒面袋"里抓一把炒面、一把雪放在嘴里充饥。这样,一般可坚持三五天。随后,武器弹药、作战物资及粮草等的补充供应,就是后勤运输部队的事了。

美国侵略者凭借它的"空中优势",对朝鲜北部地区狂轰滥炸,城镇和乡村道路桥梁破坏严重,我志愿军的后勤供应、补给运输遭遇极大困难。在这种情况下,我运输将士同防空、铁道、通信、工兵等各兵种的战友们紧密配合,顽强斗争,采取了很多行之有效的应对办法,同美国空军飞机周旋;在朝鲜群众的大力支援、朝鲜人民军的配合协同下,保证了我志愿军运输大动脉的畅通,因而被誉为"打不烂、炸不断的钢铁运输线"。

3. 斗智又斗勇

在朝鲜战场,我志愿军行军作战、运输补给,以及所有一切活动,几乎都是在夜幕掩护下进行的。美国空军飞机对我主要交通要道盯得很紧,他们投掷的重磅炸弹,一炸就是一个直径 10 来米的大坑,要填平这样的大坑,需要很多时间、人力和土石方;往往这个坑还未填平,又炸出了新的大坑。工兵战友们想了个省时、省力、又省料的办法:在大坑边缘打上木桩,铺上桥板,架起桥梁,与大坑边缘的道路相连接,运输车辆很快就可安全地通过这样的简易便桥了。

朝鲜北部地区山多、河多、桥梁多,美军飞机把桥都炸了。我志愿军工兵部队为了保障后勤运输车辆通行,就想办法修暗桥,即将桥梁隐藏在水面之下,敌机从空中看不到水面上有什么东西,我们的运输车辆从水面上驶过,只要水不淹没汽车的排气管就行。工兵战友们为了迷惑敌机,还在暗桥的不远处架起了酷似真大桥的假桥,以引诱敌机盲目投弹轰炸,既消耗了敌人,又引开了敌机的视线,从而保护了我们后勤运输车辆的安全。

我们后勤运输车辆开辟了许多便道、小道、迂回道,经常绕道而行,以避开敌机的锋芒;装载重要物资的车辆一般都伪装上路,而将一些废弃物故意暴露在主要公路上,引诱敌机前来轰炸。我们的运输战士还巧妙地利用清晨和傍晚若明若暗的天气条件,驱车赶路程,或者是晚间利用两轮照明弹的间隙,加大油门往前冲,一冲就是十几公里、几十公里,然后停下车来隐蔽休息。

就这样,我们运输部队和各条战线的战友们紧密配合,同美国侵略者的空军飞机斗智斗勇,将作战物资源源不断地运往前方,供应前线作战部队之所需,从而在作战物资方面保障我部队接连不断地打胜仗。

美国第8集团军司令范佛里特说:"虽然联合国军(实际上是美国)的空军和海军尽了一切力量企图阻断共产党的供应,然而共产党仍然以难以置信的顽强毅力,把物资运到前线,创造出惊人的奇迹。"

4."捉迷藏"的"游戏"

志愿军汽车18团担负着运送作战物资的任务,不分昼夜地奔驰在前方和后方,经常遭遇到美国飞机袭扰。美国飞机见了汽车就穷追不舍,遇到目标就扫射。我们机智勇敢的汽车运输兵总是巧妙地应对,经常同美国飞机玩"捉迷藏"的"游戏"。

一天,志愿军汽车18团一辆运输车刚完成任务从前方返回,被美军飞机发觉,尾追而来。汽车在前面跑,敌机在后面追。但是,汽车再快,也快不过飞机。敌机在头顶上掠过,转了一个大弯,调转头来,将机身拉高。就在此时,空中传来两声巨响。原来美军飞机在汽车前进的方向上空扔下炸弹、转弯拉升时,碰在石头山上,机毁人亡。我们英勇的汽车驾驶员发现敌机转弯时,紧急刹车,往右猛打方向盘,拐进了山间小道,从而躲过了敌机的炸弹。当时正在一个小山冈上值勤的汽车 18 团副驾驶员黄继明,亲眼目睹了这惊心动魄而又大快人心的一幕。

5.一车高粱米换来一车美国兵

在抗美援朝战争期间,曾经流传着一个故事:一车高粱米换来一车美国兵。这个故事就发生在黄继明所在的志愿军汽车 18 团。在黄继明的记忆中,详细情况如下:

一个伸手不见五指的黑夜,我们汽车 18 团 5 连奉命运送一批高粱米到前方去。车行至目的地不远处,防空岗哨鸣枪示警:敌机来了,注意防空。于是,所有车辆赶紧熄灯,摸索前进。刹那间,美军飞机来了,又是打照明弹,又是开机关枪,又是扔炸弹,胡乱炸射一通之后遁去。

行驶在最前面的一辆运输车,稍不注意,超过了我军前沿阵地,误入美军防线一公里多。我驾驶员觉察到情况不对头,赶快调头往回驶。孰料倒车时,后轮一下子滑到公路边的沟坎里,任凭怎样加大油门往前冲,车子就是爬不上来。

在这紧急关头,一辆满载美国兵的 10 轮大卡驶来停下了,美军驾驶员以为掉到沟里的是他们自己的车子,于是跳下车来,准备帮助往上拉。

我们的驾驶员机智勇敢地从自己的车子上跳下来,绕过车头,登上美军的卡车,猛踩油门,借着照明弹的余光,冲过美军封锁线,驶到了我方阵地。车上的美国兵以为回到了自己的驻地,一个个叽里咕噜嚷个不停地跳下车来。

"葡萄藤——一根!"("Put down your gun!"即"放下武器"的意思。)

志愿军战士们警惕地用刚刚学习还不很熟练的英语短语齐声喊道。不管发音准确不准确,美国兵还是听明白了。但见他们一个个将枪支放在地上,或是留在卡车上,将双手举过头顶,表示投降。

志愿军汽车 18 团团长命令战士们加强戒备,收缴武器,清点俘虏人数。

"整整 25 个美军俘虏!"一位战士向团长报告。

"我们这是用一车高粱米,换回了 25 个美国兵啊!"另一位战士眉飞色舞地说。

战友们乐不可支地谈笑着。按照团首长的指示,立即将美军俘虏送往志愿军前线临时战俘收容所,被俘的 25 名美军人员受到了我中国人民志愿军按政策给予的宽大待遇。

6.立功喜报往哪里送?

被批准参加抗美援朝的众多年轻人,他们的行动是保密的。有的人写信告诉双亲说是要去出差,以后就中断了与家里的联系——上海复旦大学外文系的过家鼎等就是这样的情况。

英国青年归侨白国良则是瞒着家里去参加抗美援朝的,他在碧潼志愿军战俘营参加对战俘的管理工作。因为工作有成绩,立了功,朝鲜政府授予他军功章,但是领导机关无法将他的立功喜报寄给他家,只好寄存在他亲戚家里。

由于保密,笔者和弟弟黄继明相互之间没有沟通,彼此不知道兄弟两人都在朝鲜,更不知道各自在什么单位、做什么工作。一次笔者到前方去,路过后勤部第二分部,给吉普车加油,补充领取途中食品,还住了一天,但不知道自己的弟弟黄继明就在第二分部工作。兄弟两人的行踪都没有告诉家里,急得老父黄安贵寝食不安。"我的两个儿子到哪里去了?"老父每一想起就泪流满面。停战后,黄继明参加完遣返战俘的任务回国,我也回到国内,父亲亲眼看到两个儿子光荣归来,这才破涕为笑。听到儿子讲述抗美援朝的经历,以及同美国鬼子斗争的动人故事,极为高兴。

战俘越来越多怎么办

1.火线释放美、英战俘

在志愿军司令部彭德怀司令员的办公室里,彭德怀司令员、邓华副司令员、政治部主任杜平等领导正在举行一次紧急会议。

杜平主任说:"经过几次战役、战斗,我军俘获的美、英军战俘越来越多,这些战俘大部分都在离火线不远的临时收容所里,安全、供给、医疗、管理等等都是问题,亟须解决。我建议,(1)在后方建立战俘管理机构,将战俘从速转送到后方战俘管理机构去。(2)在火线分批释放一些俘虏。"

他说到这里,念了毛泽东主席的一段文章,毛主席说:

"对敌军的宣传,最有效的方法是释放俘虏和医治伤兵。敌军的士兵和营、连、排长被我们俘虏过来,即对他们进行宣传工作,分为愿留和愿去两种,愿去者即发给路费释放。这样就把敌人所谓'共匪见人就杀'的欺骗,立即打破。"

杜平主任念完后接着说:"这是毛主席在《井冈山的斗争》一文中所说的话。在国内革命战争中,我们采取释放俘虏的方法,打破敌人的欺骗宣传,很有成效。在反对美国侵略朝鲜的战争中,也可以这样做。释放俘虏这件事本身就足以表明,志愿军对俘虏执行的是人道主义的宽待政策,从而打破美方污蔑我志愿军'虐杀战俘'的欺骗宣传。"

彭德怀司令员、邓华副司令员完全赞同杜平主任的意见和建议。

彭司令员说:"建战俘营的事,立即派人去后方选址。火线释放俘虏的事,发电报向党中央、毛主席请示。"

问题就这样议定了,这是 1950 年 11 月 17 日的事。请示电报送达中南海的当天就得到了毛主席、周恩来总理的复电嘉许,并指示今后可陆续分批释放一些。

在得到中共中央批复的第二天,即 1950 年 11 月 18 日,志愿军前线部队就释放了一批 103 名美、英和南朝鲜军战俘。1951 年 2 月 17 日,志愿军在汉江前线又释放了 132 名美、英、澳大利亚及南朝鲜军战俘,此后又陆续释放了多批。

在炮火连天的朝鲜战场,面对美国空军飞机昼夜不停的狂轰滥炸,中国人民志愿军部队一次在火线释放美军战俘的大会正在举行。

在火线坑道口外临时搭建的主席台幕布上方,悬挂着用中、英、朝三种文字书写的"释放美俘返国大会"横幅,志愿军前线部队官兵以及即将释放的美军战俘面对主席台席地而坐。志愿军前线部队政治部门领导人、大会主持人发表了简短的讲话:

"今天,我们志愿军前线部队举行大会,释放一批被俘的美军官兵,让他们返回美国与亲人团聚,过和平生活。"

主持人随即宣布被释放的美军战俘名单,给他们发放"安全通行证"、纪念品和食品,并发还他们的私人财物,其中有手表、戒指、美元、军用票等,会场上响起了一阵又一阵的掌声和欢呼声。

被释放的美军战俘表情和心态各不相同。

"中国人要释放我们回去,这会是真的吗?"一名美军战俘小声地对另一名美军战俘说。

"该不会是我们一出去,他们(志愿军)就开枪,将我们打死?"另一名美军战俘不无疑惑地说。

"我们能安全地通过双方的前沿阵地吗?"另一名战俘也有些担心。

"我们被中国人民志愿军俘虏过,现在回去,我方会接纳吗?"美军陆战 1 师的上等兵冈查里兹直截了当地问翻译,他说,"我根本不愿离开自己的国家,到外国打仗,都因为是受了蒙骗。"翻译将这些问题反映到了俘管团的王参谋长那里。

中国人民志愿军俘获的美、英军官兵,在前线陆续释放了一些,大部分转运到了志愿军战俘营。图为前线"释放美俘返国大会"现场(中国人民志愿军前线部队敌军工作干部 摄)

王参谋长对战俘们说:"你们被俘的时间不长,对志愿军的政策不了解,有这些担心和顾虑,并不奇怪。"他说:"你们不用担心,我们将指引你们走一条比较安全的通道。我们发给你们的'安全通行证',可以保证你们通过我方前沿阵地时,能安全通行。我们还将发给你们一面白旗,这样,你们进入美军前沿阵地时,也就没有什么问题了。"

王参谋长转身对美俘冈查里兹说:"如果美军方面不接纳,你们还可以回来!"

冈查里兹早已泪流满面,听了王参谋长这番话,更是感动不已。

美军骑兵 1 师士兵赫伯特·施维蒂说:"我们部队许多人都暗藏着志愿军的'安全通行证',如获至宝,把它放在贴身的口袋里,当作'护身符'一般,以备在战场上寻求生路之用。"

美军第 25 师二等兵斯莫塞尔在火线被释放前对翻译说:"我回国后,一定要告诉美国人民,中国人民是美国人民的朋友,他们是爱好和平的民族,他们不要战争。"他还说:"我一定要将志愿军如何宽待俘虏的情形告诉亲友们。"

美军第25师下士副班长波义尔斯说:"你们(志愿军)救了我的命,我一辈子也忘不了。"

战友、女翻译赵达曾参与执行释放俘虏的任务,笔者同她会晤时,听她讲述了当时的情况。

我志愿军部队入朝参战后,接连打胜仗,捕获的俘虏越来越多。为了揭露美方污蔑我志愿军"虐待俘虏"的恶意诽谤,上级指示分批释放一些美军俘虏。

隆冬腊月的一天。负责执行此项任务的是于忠智科长,参与的翻译和俘管干部有赵达、蒋恺、陈捷等。于科长列出了20多人的战俘名单,逐个同他们谈话,交代政策,动身前开送别会、会餐。被释放的美军战俘穿着兰色的棉衣裤,还有厚实的棉大衣和棉帽子。赵达和战友给他们指引归去的途径、向他们挥手道别时,一名18岁的黑人俘虏眼睛里闪着泪花,回过头来对送行的志愿军干部说:"这是我终生难忘的事。我回去后,将要求(美国)军方停止这场该诅咒的战争。我将永远记住善良友好的中国人。此刻再见了,希望日后有机会重逢。"

2. 巨大的正面影响

中国人民志愿军宽待俘虏、在火线释放俘虏,包括释放伤病俘虏的事,在国际上,在美国国内,在美军官兵及其家属当中,都产生了巨大的正面影响。

活跃在朝鲜北部战区的英国《工人日报》记者阿兰·魏宁顿在采访兵团俘管团王参谋长时问道:"美国当局和军方对志愿军火线释放俘虏一事不以为然,你对此有何评论?"

王参谋长说:"宽待俘虏,这是我人民军队的光荣传统。志愿军宽待俘虏的政策,干部、战士从来都是严格执行的。"王参谋长还说:"据我所知,在火线被释放回去的美军战俘,都被严格控制了起来,不让他们与外界接触,但最终还是逃不过媒体的视线。"

1950 年 11 月 23 日,美国《纽约时报》根据路透社的消息报道:"被俘的 27 名美军伤员昨天被(中国人民志愿军)释放。伤员们说,他们被俘后,有吃的东西,待遇也好。"

1951 年 3 月 19 日,美国陆军《星条旗报》援引美联社的报道说:"受伤的 16 名美军士兵返回到了联合国军的防线。他们都是 2 月 12 日遭受中国人伏击时被俘的美军第 2 师的士兵。中国军队撤走时,给这些(美军)伤员留下了吃的东西。他们(志愿军)本来打算用卡车将伤员送回美军防线的,但一架美军飞机追上去把卡车打坏了。"

1951 年 10 月 27 日,加拿大《温哥华日报》报道:"中国人曾无数次将受伤的美军战俘放回他们的阵地。伤员不能走路时,中国人就将伤员放在一个地方,美国军队去接运伤员时,中国人就停止射击。"

英国战史专家麦克斯·黑斯廷斯在他的《朝鲜战争》一书中,谈到志愿军宽待和释放俘虏时写道:"说来奇怪,中国人在前沿地区对战俘执行宽待政策,很有诚意。在整个朝鲜战争中,中国人不仅不杀害联合国军俘虏,还把他们送回联军阵地加以释放,这类事例是很多的。"

法国巴黎《人道报》记者威尔弗雷德·贝却敌自开城报道说:"联合国军方面的记者们在板门店告诉我说,他们曾在前线发现自己的伤兵,伤口已经被朝、中方面的医生包扎好,并且被放置在安全的壕沟里,然后被送回联合国军的阵地来。志愿军对俘虏的人道待遇是世间少有的。"

接替美国陆军上将麦克阿瑟担任"联合国军"总司令的李奇微上将,在朝鲜停战 14 年后写的回忆录《朝鲜战争》一书中,也不得不承认志愿军在火线释放和宽待俘虏的事实。他在书中写道:"……中国人甚至将重伤员用担架放在公路上,而后撤走。在我方医护人员乘卡车到那里接运伤员时,他们没有向我们射击。"

3. 一所"国际大学校"在瓦砾堆中诞生

1950 年 12 月初,在志愿军政治部保卫部杨霖部长的办公室里,志愿军政治部保卫部于忠智科长,干事李仲苏、陈捷,英文翻译蒋凯、赵达等,在聆听杨霖部长的指示。

杨霖部长说:"现在,被我军捕获的俘虏越来越多。上级领导决定,立即组建战俘管理机构,这是一件刻不容缓的任务。选址和筹建工作就交给你们了。有什么困难和问题吗?"

于忠智科长代表在座的同志们回答说:"坚决执行命令!"

于忠智一行及一个警卫班率领着刚刚俘虏的一批战俘,乘汽车来到鸭绿江南岸的碧潼。

碧潼在朝鲜北部偏东的平安北道碧潼郡,濒临鸭绿江南岸,三面环江,一面与陆地相连,环境优静。这里原来居住有 200 多户人家。

"这里自然环境真美! 如果不是战争,真是一个旅游和避暑的好地方。"一位志愿军俘管干部赞叹道。碧潼镇上到处是败瓦颓垣,瓦砾堆里还在冒烟。美国空军飞机到处狂轰滥炸,连碧潼这样的深山小镇也未能幸免。

于忠智一行刚刚在一处仅存的残破民房里安顿下来,空袭警报就响了。

"防空! 快,大家都到山上去!"于忠智科长命令道。

几架美国飞机飞来扔炸弹,胡乱扫射了一顿,飞走了。

空袭警报解除后,于忠智走下山来,布置筹备组将几十名战俘初步安置好,自己同朝鲜族的李仲苏等 3 人立即赴碧潼郡会见领导,得到郡领导的大力支持,双方达成 3 点共识:

(1)将俘虏管理机构设在碧潼,这个主意很好。

(2)由碧潼郡筹借一部分粮食,随后由俘管机构负责偿还。

(3)由碧潼郡备料派工,会同筹备组人员,抢修残存的房舍,安置战俘和俘管人员。

　　问题似乎暂时得到了解决,情况报告由保卫部杨霖部长上报志愿军政治部领导,迅即得到批准。

　　但是,情况急剧地变化着。美、英等国战俘源源不断地被从前线转送到碧潼,在很短的时间里,战俘就达到1000多人,向碧潼郡筹借的粮食简直是杯水车薪,解决百十口人还可以,1000多人哪里够吃。房舍不够分配,俘虏穿着都很单薄,不少俘虏经受不住朝鲜北部的严寒,病了。尤其是俘管人员严重不足,翻译仅有两三人,管理是个大问题。

　　告急电报一个接一个,由志愿军总部发到了北京,发到了沈阳(东北军区)。

　　碧潼与中国的辽宁省宽甸县隔江相望,但山川阻隔,交通不便,运输、补给极为困难。初期的运输车辆只能从安东(今丹东)—新义洲—昌城—碧潼,沿鸭绿江南岸而行,这段路程约700多公里,沿途都是崇山峻岭,蜿蜒曲折。隆冬时节,气温达零下40多摄氏度,冰雪封冻,险象环生。

　　一队运输车辆中,为首的一辆苏联制造的"吉斯"大卡车在一段平缓的路边停了下来,后续车辆依次靠边停下休息。

　　"喂!大家检查一下自己的车辆,刹车、油门、方向盘,不能有任何问题,还要看看轮胎上的防滑铁链都安好了没有。爬山、下坡、拐弯,都必须沉着、冷静、勇敢面对可能出现的各种情况!"志愿军运输队张队长临时将驾驶员召集到一起反复叮嘱着。

　　迎面有汽车驶来,是两辆运输物资的大卡车。前面一辆的驾驶员从车窗探出头来喊道:"牙波削,柯木斯米达!"("喂,谢谢了!")

　　"显然,他们以为我们停下来是给他们让路哩!"一位志愿军驾驶员笑着对战友们说。

　　"好家伙!两位驾驶员都是女的。妇女在这样的险道上开大卡车,真是不简单!"另一位驾驶员夸赞道。

　　"妇女开汽车就非常罕见,妇女开大卡车跑山区冰冻险道,更是没有见过。"一位副驾驶员接着说。

"朝鲜男子汉大都上前线打美国鬼子去了,妇女在后方样样都干,一点也不比男子汉弱。好样的!"大家谈笑着,议论着。运输队张队长一声令下:"上车!"车队继续往前行进。

车队经过一段崎岖山路后,正要翻越一个峻岭。北风呼号,寒气逼人,头一辆领队车正在往山顶上爬行。

"要是夏秋间,道路干爽,30多度的坡道,算得了什么,一踩油门就上去了。可是现在是千里冰封,万里雪飘啊!"驾驶员目不转睛地紧盯着正前方,对右边的副驾驶员说。

"只能踩着油门往上冲,绝不能放松油门!"副驾驶员提醒驾驶员。

因为左边就是万丈深渊,大家心里都明白,万一冲不上去,倒滑下来,后果将不堪设想。副驾驶员接着说:"我带着三角木下车去,随时准备垫车轮。"

发动机怒吼着。卡车前轮缓慢地往上爬,然而后轮却爬不上去,滑得左右摆动,后面的车辆都停止了前进。人们带着三角木下车来给领头车助推,每前进一点,大家就在车轮后面垫上一些三角木。就这样艰难地爬行着,攀越着。领头车终于登上了山顶。

紧接着,大家用同样的办法一齐来帮助第二辆、第三辆……成功地登上了高山峻岭。

天,渐渐黑了。如此险峻的山路,夜间行车是极其危险的,车队来到一段平坦的公路边开阔地带停下了。

"今晚我们就在这里宿营。大家抓紧搭帐篷,吃罢晚饭,打开背包休息,岗哨每两个小时轮值一次。"

运输队张队长刚刚布置好任务,一位小战士不解地问:"在这深山野岭安营扎寨,还要站岗放哨,为什么?"

"我们现在在鸭绿江边,敌人已经往南败退,我们距离火线很远了,在这里也不用担心美国飞机会来轰炸扫射。但是,我们仍然要提高警惕,防止敌人的武装匪特袭扰。除此之外,也要警惕可能会有豺狼虎豹一类的猛兽啊!"张队长的一席话说得小战士和大家都乐了。

一车队又一车队的砖瓦、木材、水泥、石灰等建筑材料,以及粮食、被服等,源源不断地从中国的安东,经过朝鲜的新义洲,运到了碧潼,堆集起来,如同一座座小山。

志愿军俘管处筹备组、后勤部门、运输部队的官兵,在朝鲜人民军和当地政府的大力帮助和支援下,历尽艰辛,整修好了残存的旧房舍,又新盖了一大批简易房子,足可供1000多人居住。棉衣、棉帽、棉袜都发给了战俘,吃的粮食也有了。

呈现在眼前的是一排排整洁的房舍和穿着暖和、面有喜色的战俘。

几个美军战俘异口同声地说:"我们算是幸运得很的!我们能够脱离战场,来到志愿军战俘营,就是跨出了'地狱之门',生命也就有了保障。"

被俘的美军第24师第19团士兵约翰·L.狄克生说:"(碧潼)这是一个没有任何军事价值的偏僻山村,也遭到了美军飞机的轰炸。在我们自己的飞机炸成的废墟上,中国人民志愿军和朝鲜人民军建起了新房子给我们住。"

美军战俘纳塞尔说:"我刚被俘时,感到恐惧,我想志愿军会像在第二次世界大战时日本人那样虐杀战俘的。令我惊奇的是,志愿军带我撤离到距火线几英里的地方,给了我们良好的和宽大的待遇,从而使我自动地改变了我对中国人民志愿军的不正确的推测。"

美军战俘克利福德·史密斯和罗兰·汉密尔顿说:"我们有暖和的房子住,有暖和的衣服穿,说明志愿军不像美国方面宣传的那样。"

4. 战俘生活的暂时困难

志愿军战俘营在筹建之初,生活是极其艰难的。

几位俘管干部来向战俘营筹备组领导反映情况说:"一些娇生惯养的美军俘虏吃不下饭,一见玉米、高粱米饭,甚至于白面馒头,就皱眉头,咽不下去。"

一位俘管干部说:"有的美军俘虏竟讲怪话,发牢骚,说:'你们志愿军养不起我们,就不要抓我们来嘛!' 我们有些同志,尤其是炊事班的同志,听到这话特生气。但是,碍于政策和纪律,既不能骂他,更不能打他。"

战俘营筹备组领导耐心地对大家说:"同志们! 我们目前筹组战俘营的困难确实很大。战俘营的筹组工作是在美国飞机狂轰滥炸造成的一片废墟上起步的,后勤供应渠道还没有建立,交通不便,美国飞机不断袭扰,俘管人员和翻译力量严重缺乏,一下子汇集这么多的外国战俘,更增加了筹组和俘管工作的难度。但是,中央十分关心和重视,各方面都在大力支援,相信目前这暂时的困难是会很快改观的。至于战俘生活方面的问题,大家都开动脑筋,想些办法,比如,是否可以试一试,把玉米、高粱磨成粉,搞点粗粮细作,能不能在国内买到面包烤箱? 总之,要多想办法,要有信心。"

参军参干捐飞机的群众运动风起云涌

1. 到前线去 到最需要的地方去!

在全国各地,在城市和乡村,到处响起了《歌唱祖国》的乐曲声。

"五星红旗迎风飘扬,胜利歌声多么响亮。歌唱我们亲爱的祖国,从今走向繁荣富强……"昂扬的歌声传遍了祖国大地。在抗美援朝的战场上,捷报频传。

1950 年 12 月 1 日,中国发布《关于招收青年学生青年工人参加各种军事干部学校的决定》。

1951 年 6 月 24 日,政务院再次发布《关于各种军事干部学校招收学生的决定》。

广大的青年学生热烈响应祖国的召唤,踊跃报名参军、参干,参加抗美援朝,全国青年学生报名参加军事干部学校的总人数达 58 万余人。

北京清华大学头两天就有 700 多人报名,中国人民大学第一批报名的青年学生达 1200 多人,山东大学为学生参加军事干部学校,专门成立了保送委员会。

在南京大学,有 48 位同学被批准进入中国人民解放军军事干部学校,其中一部分同学进入第三野战军的训练团、即后来的华东军区外语学校学习英语。1951 年夏,有方平、周元敏、卢江、陈莉明、周仪凤等 9 名学员奉派赴朝鲜担任翻译工作。

在湖南大学,正在英语系学习的叶成坝行将毕业的时候,从朝鲜前线传来消息:志愿军部队急需外语干部。叶成坝毫不犹豫地带头报名,他和尤友云、田长松、曾肯干、黄宏荃、吕斌、周缮群等10多位同学得到批准,先后去到朝鲜碧潼,担任对美、英战俘的管理工作。

上海各大专院校的同学和机关工作干部,经批准参加抗美援朝的有几十人,包括袁善如、林锦霞、黄思亨、白国良、钱美得、郝展君、符文琪在内的同学,或分批出发,前往北京报到;或参加上海赴朝工作队,于1951年3月启程,往北进发。

在广西桂林市将军桥的广西大学,热血沸腾的青年学子和教职员工把个大礼堂挤得水泄不通,大家屏住气息静静地聆听中国人民志愿军英雄事迹报告团团长柴川若率领的志愿军战斗英雄和模范人物作报告。柴川若团长在报告中说:

"同学们!为了抗美援朝、保家卫国,中国人民志愿军雄赳赳、气昂昂地跨过鸭绿江,抗击以美国侵略军为主的'联合国军',头一次与之交锋,就打了大胜仗。仅有步枪加手榴弹这种劣势武器装备的我志愿军部队,在全国人民的大力支援下,从1950年10月25日至11月5日10天之内,发扬英勇善战、敢打敢拼的大无畏精神,把用现代化武器装备武装到牙齿的美国侵略军及南朝鲜李承晚军打得落落大败,一举将敌军从鸭绿江边驱赶到清川江以南,毙、伤、俘敌军官兵1.5万余人。我志愿军入朝参战后发动的第一次战役,有力地挫败了妄图侵占全朝鲜并把战火烧向我国的企图,这是爱国主义和国际主义初步取得的伟大胜利!"

会场上响起了一阵又一阵雷鸣般的掌声。

"同学们!我中国人民志愿军和朝鲜人民军将继续不断地给美国侵略军以沉重的打击。敌人从哪里来,就把它打回到哪里去,这是毫无疑问的。现在的问题是,志愿军不断打胜仗,捕获的敌军官兵越来越多。俘虏多了,需要懂外文的干部和英文翻译进行收容、转运和管理。因此,希望广大的知识青年,尤其是希望懂外语和专习英语的青年学子踊跃报名,到前线去,到最需要的地方去!"

柴川若团长的话音刚落,全场热烈的口号声和掌声此起彼伏,激情涌动。同学们当即争先恐后地挤向前台,报名参军、参干,参加抗美援朝。

艳阳高照,云淡风轻。广西大学校园广场彩旗飘扬,锣鼓喧天。被批准参军、参干、参加抗美援朝的学生名单,用红纸大字书写,张贴在布告栏里,格外醒目。《歌唱祖国》《共青团员之歌》等歌曲,从扩音器里播出,响彻云霄。全校师生聚集在广场。荣获批准的同学昂首挺胸,登上主席台,排列整齐,面对欢送的老师和同学。校长杨东尊逐一给他们戴上大红花,然后安排他们登上汽车,分头奔向各自的目的地和抗美援朝的战场。

化工系参军、参干的同学陆媛等,从桂林乘火车到达北京就停下来了。外文系获准参加抗美援朝的同学罗劲烈、冯江涛、谭丕绍、陈昆才、苏宠慈等再从北京转车经沈阳到安东,穿上中国人民志愿军军装,加入中国人民志愿军行列,奔赴朝鲜。笔者和同学苏增绪等则是稍晚一点才批准参军、随后过江去的。

2. 热烈欢迎志愿军亲人

在机关、学校、工厂、企业、农村、群众团体,以及海内外华人华侨中,热烈响应和大力支援抗美援朝的群众运动热火朝天。

志愿军英模事迹报告代表团的代表之一、志愿军 124 师宣传科长李维英,在题为"光荣属于祖国"一文中写道:

"一百多年来,中国人民受尽了帝国主义的侵略、压迫和凌辱,当看到中国人民志愿军入朝作战连战皆捷,迅速地把以美军为首的侵略军从鸭绿江边赶回'三八线'以南,全国人民兴高采烈,扬眉吐气,对志愿军的英雄行为无比敬佩和自豪。听说志愿军从朝鲜前线派回了代表,都盼望早日见到,要求到他们那里去作报告。

"(1951 年)3 月 12 日,我们乘火车到达开封时,已是半夜,市民纷纷从屋里跑出来,挂起国旗,敲起锣鼓,燃起鞭炮,比过年还热闹。在洛阳,更是万人空巷,全市 12 万人,欢迎的人群竟有 10 万人,西安、重庆、昆明等地都组织了几十万人欢迎。兰州市由各民族组成

12万人的欢迎队伍,十里长街人山人海,载歌载舞,连树权上、房顶上、窗户上、阳台上都站满了人;水泄不通。我们每走一段路,就有人献花、献哈达,要求握手、签名。著名诗人柯仲平写道:'这里拦,那里阻……一个钟头才走十丈八丈路……'当我和稽炳前代表到达云南大理时,十几位少数民族同胞用四幅白布并列搭起了三里长棚,用红花和大理石摆成座座花山。一路上敲锣鼓,放鞭炮,舞彩旗,抛鲜花,许多白族青年把我们抬起来,一直走到尽头,用当地最隆重的礼节,热烈欢迎志愿军亲人。"

3."香玉剧社"义演带头捐飞机

抗美援朝战争在激烈地进行。清晨,西安豫剧艺术团"香玉剧社"副团长常香玉*焦急地对丈夫陈宪章说:"宪章,在朝鲜,美军飞机很猖狂,我们能为志愿军做点什么事情吗?"

"我们义演募捐来支援前线吧!"陈宪章对常香玉说。

"好! 用义演的办法给志愿军捐一架战斗机吧!"常香玉说。

夫妻俩就这样商定了。

1951年8月8日,"香玉剧社"到义演募捐的第一座城市河南省开封市,古城为之轰动。

"香玉回来了!"

"解放前香玉用义演为家乡救灾修堤,现在为抗美援朝义演捐飞机!"群众赞扬着她。

为了早日完成募捐任务,常香玉和全剧社的人员一道,吃大灶,睡地铺,拉道具,扛背包,走遍山西、河南、广州、北京等6省7市。在半年的时间内,义演180多场,募得款项15.27亿元人民币(旧币)。她还献出她的个人积蓄,变卖了她的首饰和汽车。她将全部收入所得,购买了一架米格-15型喷气战斗机,献给了志愿军(当时一架米格-15型战斗机的价值为15亿元人民币)。

---

* 豫剧大师常香玉已于2004年6月1日病逝,终年81岁。当年她捐献的那架米格-15型喷气战斗机"香玉剧社号",现陈列在北京中国航空博物馆。

常香玉还率领"香玉剧社"奔赴朝鲜前线给志愿军部队进行慰问演出。

1952 年 2 月 15 日,中国人民抗美援朝总会会长郭沫若发给常香玉亲笔签名的贺电,热情赞扬和高度评价她的爱国义举。

全国各族人民为支援志愿军抗击美国侵略而捐钱、捐物,购买飞机、大炮的还有:

重庆市 101 钢轨厂捐献一架"101 号"战斗机;

重庆市红十字会倡导全国福利界捐献一架"救护号"飞机;

贵州大学附属小学也倡议贵州省小学生省吃俭用,并开展募捐、义卖、义演活动,捐献一架"儿童号"战斗机;

…………

据《人民日报》1951 年 9 月 22 日在《欢送志愿军代表返前线》的社论中公布:"单就捐献飞机来说,到 9 月 21 日为止,已达 2481 架。"

4.听萧华副主任作报告

被批准参加抗美援朝的知识青年、学习外语的学生、机关干部、学校教师、军校学员等,从中南、华东、西北各地形成一股又一股的洪流,汇集到了北京,他们之中有上海复旦大学、华东军政大学、广西大学、湖南大学、北京外国语学院、华北革命大学等的知识青年。

在北京新街口的中央人民政府人民革命军事委员会总政治部文工团排演场(简称"总政排演场")的礼堂,坐满了容光焕发的知识青年,总政治部萧华副主任作关于形势与任务的报告。

"同志们!……美国打着'联合国军'的旗号,入侵朝鲜,并把战火烧到我国边境,妄图把新中国扼杀在摇篮里。我国外交部伍修权副外长在联合国大会上发言,指着美国国务卿杜勒斯的鼻子斥责他是'战争贩子'。伍副外长的发言得到了与会绝大多数国家代表的热烈欢迎,中国人民扬眉吐气。"

萧副主任接着说:"朝鲜急需外语翻译人员,你们到志愿军部队去,去喊话,散发传单,收容、转运、管理战俘,瓦解敌军,宣传和贯彻志愿军宽待俘虏的政策,等等,前线许多事情急需你们去做。"

"萧副主任的报告使我们很受启发,很受鼓舞。"知识青年们在报告会后的小组座谈会上发表自己的认识时说,"报告不仅使我们思想明确,任务也明确了。"大家一致表示,一定要克服一切艰难险阻,做好各项工作,争取抗美援朝全面胜利。

5. 前线急 路漫漫

一批知识青年由总政治部组织部徐元圃处长率领,从北京乘火车向东北方向的安东(丹东)进发,踏上了抗美援朝的征途。

时值隆冬,大雪纷飞。这批热血青年大部分是从南方初到北方,初次接触到严寒的天气,但是,没有一个人表现出畏难怕冷。

在沈阳,尤其是在安东,到处都是身穿志愿军军装的军人,街上行驶的大部分车辆都是军车。他们有的是上朝鲜前线的,有的则是从朝鲜前线回来的。

"前面仗打得很厉害,整天都有空袭,白天无法行军,只有晚上才能活动。气温达到零下40摄氏度,运输供应困难,条件十分艰苦。"在招待所,知识青年吴兆庚听一位刚从朝鲜回来的志愿军干部说。

"这点困难没有什么了不起!"这位从华东军政大学加入志愿军的青年心直口快地回答说。

吴兆庚回忆在华东军政大学奉调参加抗美援朝的情景时说,他接到命令后,当即对领导表态说:"我是华东军政大学的学员。作为军人,服从命令听指挥,是天经地义的事。"吴兆庚按领导的要求,仅用了一个小时就打好背包,提前做好了出发的准备。

吴兆庚回过神来对那位刚从前线返回的志愿军干部说:"当兵就是要吃苦,怕苦不当兵。这点困难,何惧之有! 这正是党和人民对自己的考验。我们军政大学的人都是这样认识的。"

《中国人民志愿军战歌》的歌声响彻大地:"雄赳赳,气昂昂,跨过鸭绿江。保和平,卫祖国,就是保家乡。中华好儿女,齐心团结紧,抗美援朝,打败美帝野心狼!"

鸭绿江铁路桥的周边地区,高射炮群的炮口直指天空。傍晚,冰封雪冻的江面上,到处都是跨江南下的军车、全副武装的志愿军部队。

以华东军政大学学员为主,加上一部分华北革命大学学员、湖南大学学生、长沙中学教师等组成第一队,由华东军大的营级干部邵维杰、刘承汉任正副队长,在暮色苍茫中跨江出发,直奔志愿军总部。

其余的青年包括上海复旦大学、广西大学、北京外国语学院等的学生,另编成第二队和第三队,紧随其后。

前线急,路漫漫。这些知识青年都是头一次出征上前线,头一次参加长途夜行军。每一个人都在北京和安东几次精简行装,减轻负担,身上所有的,除了棉衣、棉裤、皮靴、剪绒棉帽等冬装之外,就只有背的炒面、饼干等干粮和水壶了。还有一条白色的洗脸毛巾扎在左臂上,作为识别和联络的标志。

"公路上车多人挤,我们每一个人都必须抓住前一个同志的衣襟,不能撒手,否则,就会走散,找不到自己所在的队伍。"总领队徐元圃告诉副队长刘承汉,要他向后面的同志交代,一个传一个,往后传达。

"我的衬衣、背心全都汗湿了,汗水浸透了棉袄,风一刮,汗气在棉衣外面结成了冰。怎么办?"一个知识青年对他后面的一个同伴说。

"这个时候,绝不能解开棉衣,那样马上就会病的。"后面的这个同伴回答说,"你累吗?"

"是有些累,但是我在安东就听有过急行军上前线经验的战士说:就是再累一些,累得睁不开眼睛了,也只能迷迷糊糊跟着往前走,绝不能在路边坐下来休息。一坐下来打瞌睡,就有可能冻僵,甚至于有冻死的危险。"

"各队领导和同志们注意:天亮了,各队在山坳里找残存的民房,分散隐蔽休息,不要有烟火,就吃带的干粮和水。注意防空!"徐元圃总领队的命令,由通信员迅速传达到了各队的领队。

每个人找到了各自的位置,吃了些干粮,喝了些水,男青年、女青年分别挤在一起,和衣而卧,很快就呼呼入睡了,只有值勤的岗哨警惕地注视着四周。

这些青年知识分子克服了各种各样的艰难险阻,昼伏夜行,历经半月,沿途所见,到处是断瓦颓垣,一片焦土。美国侵略军打过来后,老幼妇孺全都躲避到深山老林里去了,白天,连一只麻雀、飞鸟都很难看到,接触到的大都是志愿军,偶尔见到一些朝鲜人民军人员。

前线的青年知识分子队伍到了离球场郡不远的一处煤矿矿区。

徐总领队在各队队长、副队长参加的碰头会上说:"(1951 年)元旦我们就在这里过了。派人去兵站领些粮食和副食品来,大家改善一下生活,休整两天。要注意防空,注意安全。"

"开饭了!"傍晚时分,有人高声喊道。

大家找来碗筷,盛上热饭,三五成群,围坐在一起,吃了起来。

"今天是元旦,我们在这里吃了年饭,迎接新年,准备接受新的任务!"徐元圃总领队站起身来对大家说。

"大家一路辛苦,多吃一些吧!"邵维杰队长接着说。

"不管是中午的二米饭,还是今晚的大米饭,还有热菜热汤,热气腾腾,真香!"一位女青年高兴地说。

所谓"二米饭",就是大米和小米的混合饭,可能是再加点朝鲜的酸菜。这顿年饭吃的是纯大米饭。所谓热菜热汤,其实就是从兵站领来的萝卜,切片放在热水里一煮,加上盐,既是菜又是汤。经过半个多月的夜行军,经过吃干粮、喝冷水的生活,现在能够吃上热饭、热菜汤,每一个人都感到像是一种享受,极为满足。

天黑了,没有一点亮光,四周一片寂静。从湖南大学英语系参军的 5 个男同学、一个女同学在出发前精简行装时,怎么也舍不得将口琴、二胡等乐器精简掉,这时他们拿出演奏了起来。

《中国人民志愿军战歌》《王大妈要和平》《大刀进行曲》《游击队歌》《歌唱祖国》,等等,一曲接着一曲,大家用筷子有节奏地敲打着瓷碗,还有的人大声合唱:

"没有吃,没有穿,自有那敌人送上前。没有枪,没有炮,敌人给我们造……"

"五星红旗迎风飘扬,胜利歌声多么响亮。歌唱我们亲爱的祖国,从今走向繁荣富强……"

歌声、器乐声,激越昂扬,响彻夜空,俨然成了一台小型的战地新年晚会。

6.征途中的一次生活会

1951 年元旦的第二天,全体人员继续休息,每个人又美滋滋地睡了一天,显得精神焕发。晚饭过后,各队召开了一次生活会,表扬先进,互相鼓励。

第一队的生活会略显紧张一些,大家的发言很自然地集中到了从长沙参军的两位英文老师的身上:一位 40 多岁姓杜的老师,另一位 38 岁的文老师。在长时间的长途行军中,他们越来越感到吃力,行动迟缓,又忒怕冷。平时有的青年对两位难免有点怨言,另外有的人则常同他们开玩笑,戏称他们为"老头子"。

在这次的生活会上,他们的情绪一齐都宣泄出来了,二位流着眼泪说:

"你们总是批评我们两人,不体谅我们年纪大的人。你们都是 20 岁左右、从军校来的年轻人,没有家庭拖累和后顾之忧。我们是抛开妻儿老小来抗美援朝的,出于爱国之心!但是我们年纪偏大,长途行军,体力跟不上。说我们思想落后,内心实在难以接受,深感委屈啊!"

"二位的话使我深受教育,深为感动。"从军大来的吴兆庚说,"平时我们对年纪大的同志,体谅和照顾不够,深感愧疚。"

"年纪大的人能自愿报名上前线,发挥自己的外语专长,与我们年轻人一道,同甘苦,共患难,抗美援朝,保家卫国,实在是难能可贵啊!"从军校来的其他学员接着说。

"杜、文二位都是高等院校外语专业的优秀人才。作为老师,不仅在学校学生中以身作则,为人师表;在抗美援朝的征途上,在艰苦的战争环境里,二位更是以自己坚韧不拔、刻苦耐劳的实际行动,表明了自己的优良作风和优秀品德,给我们年轻人做出了榜样,值得我们虚心学习。"邵维杰队长、刘承汉副队长作了总结性的发言。

杜、文二位听了大家的发言,感到一股暖流穿过心间,激动不已。

大家有了思想沟通和相互了解,心情舒畅了,感情融洽了。每个人都收拾好各自的行装,在茫茫夜色中继续前进,向目的地——志愿军总部奔去。

这几支青年知识分子队伍来到一个名叫江界的山沟里,准备休息,突然哨声大作。

"紧急集合,快!快!快!"徐总领队以坚定的语调命令道,"各队赶快把人数清点好,继续前进。"

队伍急行军20多公里,在一个火车站停下。人们登上了北去的火车,很快火车启动了。

徐元圃总领队这才镇定地告诉大家:

"好危险!我们钻进了一个敌窝,差一点当了败军的俘虏,或者是被败军杀害。"他说:"在山岗那边,有几千美军在长津湖战斗中吃了败仗,正突围逃跑。幸好我们及时得到情报,现在我们算是脱离了危险地区。"

大家听了这番话,舒了一口气,紧张的气氛缓和了下来。

徐总领队接着宣布:"我们刚刚接到命令,不必再往南去志愿军总部了,而是北上,到一个靠近我国边境、名叫碧潼的地方,去接收和管理战俘,今后我们就是做管理美、英军战俘的工作了。"

徐元圃率领的这批知识分子队伍到达碧潼,充实了志愿军战俘营的筹备力量,加速了战俘营的筹备工作,志愿军俘管处的组织机构搭起了框架。

通过对翻译干部的工作安排和调配,对战俘的管理工作加强了。

徐元圃就任中国人民志愿军政治部俘虏管理处筹备处负责人。

7. 拳拳赤子之心

支援朝鲜前线、要求加入抗美援朝行列的滚滚洪流,在继续奔腾向前。

海外华人华侨和归国华侨侨眷中的广大知识青年,怀着拳拳赤子之心,热烈响应"抗美援朝,保家卫国"的号召,踊跃报名参加中国人民志愿军。

英国青年归侨白国良,报名加入志愿军时刚好 18 岁,是上海复旦大学新闻系一年级的学生。他家三代侨居海外,母亲家族在印度尼西亚,父亲家族在菲律宾,后来转到英国侨居,家庭生活富裕安定。白国良有兄弟姐妹 8 人,他是长子,父母对他寄予殷切的期望。他是瞒着家里去参加抗美援朝的,后来家里得知他的情况后,十分欣喜,弟妹们也都一致称赞他做得好,做得对,要向他学习。

越南归国华侨青年黄亨思参加志愿军时 26 岁。他是福建省厦门市人。他精通英语,曾在上海铁路局担任外事工作。上海解放时他进入华东革命大学学习。同他一起加入志愿军行列、被直接分配到碧潼担任俘虏管理工作的一共 12 人。他们穿上志愿军军装,在安东(丹东)向后勤部门领了一些干粮,跨过鸭绿江,向碧潼进发。没有汽车,不懂朝鲜语,仅靠一张地图,徒步行军,沿鸭绿江南岸,在崇山峻岭间,向东北方向日夜兼程,有时还要躲避美国飞机的袭扰。就这样,原来安排 10 天的路程,只用了 8 天就赶到了目的地,他们经历了在艰苦的战争环境里的第一次考验。

青年医生黄远出生于广东省汕头,长于福建省厦门。在英国殖民统治下的香港英文中学读高中,在内地的医学院学医。在抗美援朝运动中,正在福建省泉州医院担任医生的黄远,积极响应祖国的召唤,奔赴朝鲜战场,他被直接分配在昌城志愿军俘管1团担任医生兼翻译。

白国良、黄亨思、黄远等知识青年,只不过是华人华侨和归侨中活跃在朝鲜战场上的代表人物的一部分,还有很多华人华侨知识青年,为了一个共同的目标——抗美援朝,保家卫国,从五湖四海,四面八方,走到一起来了。例如,新加坡华侨青年林诗仲、马来西亚归侨青年苏祯祥,等等,他们都怀抱着热爱祖国的赤诚的心,运用自己精通英语的专长,在朝鲜战场上,担任管理美、英俘虏等项工作。

但是,申请参加抗美援朝的知识青年中,也有未立即被批准的。随父兄侨居美国的知识青年冀朝铸,就是其中之一。他在美国哈佛大学化工系念二年级时,朝鲜战争爆发。为了抗击美国的侵略,他毅然放弃了哈佛大学的学业,于1950年10月初自美国启程,途经在英国殖民统治下的香港,历尽艰险、阻挠和磨难,终于到达北京。

但是,冀朝铸要求参加抗美援朝的愿望没有立即实现。因为他是学理工科的,国家亟需科技人才,希望他继续学习,完成学业,日后为国家建设效力。

新气象新事物令世人瞩目

1."同学"的称谓使战俘们大为惊讶

1951年4月24日,中国人民志愿军政治部俘虏管理处在碧潼正式成立。王央公主任,徐元圃、席一、郭铁、高占功、尚学文、孙峰副主任,以及一批俘管干部、翻译骨干等的受命到职,是志愿军俘虏管理工作的一个转折点,也是俘管工作开始走上正轨的重要标志。

漫山遍野都是红艳艳的金达莱。严酷的寒冬已经过去,志愿军战俘营里逐渐活跃起来。

在碧潼,原碧潼中学的运动场上,坐满了美、英等国的战俘。他们虽是席地而坐,但都穿戴整洁,面容健康,一扫刚下战场时衣衫褴褛、形态憔悴的狼狈样子。主席台的正面有一张课桌,上面铺着白布单子,两旁的条凳上坐着几位战俘营的领导干部和翻译。

中国人民志愿军政治部俘虏管理处王央公主任身着崭新的志愿军军装,神采奕奕地来到主席台前。这位毕业于北京辅仁大学的战俘营最高领导,1938年到革命根据地延安,参加抗日战争,在部队长期从事对敌工作,曾任东北军区敌工部部长等职,有丰富的对敌工作经验。他受命到碧潼任职时,正好40岁,年富力强,沉着冷静。他谙熟英语,但他平时并不用英语同俘虏谈话。

"大家安静下来,现在大会开始,请(志愿军战俘营)王央公主任讲话。"

大会主持人话音刚落,英文翻译还未译完,会场顿时鸦雀无声。战俘们期待着,新上任的战俘营最高领导初次见面,会说些什么。

"同学们！请原谅。我不明白到底是上帝还是魔鬼，促使你们来到这个穷乡僻壤的……"王央公这一次打破惯例，从容不迫地用一口流利的英语发表了他的开场白。

战俘们极为惊讶，交头接耳。他们不仅对战俘营的最高领导一口流利的英语十分赞佩，而且对他幽默的语言，特别是他对战俘称"同学"而感到新奇。

王央公主任解释说："我之所以称你们为'同学'，是因为这里不是监狱，不是集中营，不是流放地，这里是学校。在这所特别的学校里，让我们一起学习，共同来追求真理……"

王主任接着说："你们对中国并不了解。纵观中国的历史，哪一次列强不是凭借其坚船利炮，入侵中国，烧杀掳掠，为所欲为。旧中国的统治者腐败无能，到头来总是签订不平等条约，割地赔款，屈辱得很！"

他列举了中英鸦片战争和八国联军入侵中国的例子。

"从18世纪末叶起，英国就对中国实行侵略政策，大量输入鸦片，毒害中国人民，掠夺中国财富。

"1839年6月3日至25日，中国的民族英雄、清朝的钦差大臣林则徐，在广州虎门海滩一次就销毁英国的鸦片230余万斤，并且多次打退了英军的挑衅。1840年，英国在美国和法国的支持下，对中国发动侵略战争，史称'中英鸦片战争'。堂堂大清帝国，拥兵76万，却被区区5000英军所败，不得不与英国签订丧权辱国的《南京条约》：割让香港，开放五个口岸通商，赔款2100万银元。从此，中国逐步沦为半殖民地半封建社会。

"1900年，清光绪二十六年，英、美、德、法、俄、日、意、奥组成'八国联军'，大举入侵中国，借口是清朝政府'排外'。侵略者长驱直入，迅即攻陷平津，肆意烧杀掠夺，践踏中国主权，如入无人之境。慈禧太后、光绪皇帝率一帮宠臣，慌忙逃往西安避难。1901年9月7日，清廷又一次被迫全盘接受各帝国主义国家的条件，屈辱地签订割地赔款的不平等条约《辛丑条约》。"

王央公主任进一步说:"这是中国的历史,是中国的近代史。你们之中也许有人不愿意听,不过历史事实是无法改变的。今后就不是这样的了,站起来了的中国人民是绝不会容忍列强入侵凌辱的。君不见,新中国成立仅 8 个半月,美国就趁朝鲜南北两方爆发内战之机,纠集 16 个国家出兵,打起'联合国军'的旗号,大举入侵朝鲜。好家伙!比当年'八国联军'的国家数整整多出一倍,兵力则多好几倍。美国当权者不顾中国政府再三警告,强行越过'三八线',一直把战火烧到鸭绿江边,并派飞机轰炸中国东北地区的城市和乡村。是可忍,孰不可忍!这就是为什么中国人民志愿军要跨过鸭绿江的原因。"

王央公说:"旧中国任人宰割的岁月已经一去不复返了。然而,西方有些人,尤其是美国的掌权者,仍然用老眼光看待新中国。他们说:'美国在远东的防务圈在朝鲜半岛出现缺口,你们要去执行联合国的警察任务。'天晓得!美国的'防务圈'怎么跑到万里之遥的朝鲜半岛来了呢?他们还说:'朝鲜的苹果很好吃,女人很漂亮,军中有喝不完的美酒,薪酬也高',即所谓'3W'(wages,wine,woman),工资、醇酒、女人。于是,人们就登上军机、军舰,远渡重洋,走向了深渊,许多人从此踏上了不归路。"

王央公主任说:"同学们!你们是不幸的,因为你们听信了'3W'一类的言辞,背井离乡,撇开亲人,卷入了这场非正义的战争;你们又是万幸的,因为你们来到这个穷乡僻壤,来到志愿军战俘营,就等于两只脚跨出了鬼门关,从此生命安全就有了保障,再也不用端着枪,去寻找那虚无缥缈的'防务圈'的'缺口'了。一旦战争终止,你们就可返回家园,同亲人团聚,过和平幸福的生活。"

王央公最后简明扼要地向战俘们讲解了志愿军宽待俘虏的政策,他说:"我们不是复仇主义者。说志愿军'虐待俘虏',那不是真话。中国人民志愿军对放下武器、停止抵抗的美、英等国军队的被俘官兵,不论其职位高低,均实行人道主义的宽待政策,那就是保障生命安全,保留个人财物,不侮辱人格,不虐待,有伤有病,及时给予治疗。因此,打消那些不必要的顾虑。我还要重复开头说过的那句话,让我们在这所特殊的国际大学校里,一起学习,寻求真理!"

战俘们听得津津有味,会场上不断响起一阵又一阵的掌声。大会开了不到一个小时。一直到散会,战俘们的情绪都很饱满。许多战俘称赞战俘营首脑讲得好,口才和风度令人折服。从此,战俘们为了表达对这位战俘营领导人的尊重和敬佩之意,都称他为"志愿军战俘营的最高行政长官",或尊称他为"王将军"(当时志愿军并未实行军衔制)。

2.两次被俘——两种截然不同的经历

连日来,战俘们三三两两一直不停地谈论着王将军的讲话,兴奋不已。

被俘的美军官兵中,不少人参加过第二次世界大战,当过日本军国主义者或德国法西斯的俘虏;这次则在侵朝战争中,被中国人民志愿军俘获。他们各自经历了两种截然不同的情况,两相对比,感慨万千。

约翰·L.狄克生家住美国加利福尼亚州圣荷瑟城赫里生街557号。他18岁前学修鞋和烤面包的手艺,但是找不到工作;到农场当工人,也仅能维持生活。于是,他在1941年5月1日弃农当兵。

狄克生回忆起自身的经历。

"在二战中,我们部队被派到菲律宾的巴丹岛。日本军队比我们强大得多,我们放下武器投降。1942年4月18日,日本人把我们俘虏押送到奥丹奈尔营,开始了'巴丹死亡行军'。许多人患痢疾、疟疾,没有吃喝,倒在地上,日本人就用脚踢,有的人被开枪打死、被刺刀刺死。我后面有个美军上校,走不动了躺在路边,我亲眼目睹一个日本兵端着刺刀把这个上校刺死的惨景。我们走了6天后,被关进监狱,每10人一组。日本人说:如果有1人逃走,另9个人就要被枪毙或被砍头。后来的确有人逃跑,小组的人都被处决了。在监狱里,我们每天吃两餐稀粥,加一点盐,得不到任何医疗,每天有50

至100人因生活条件恶劣而丧命。

"两年以后,日本人将我们约2000多名美军俘虏送到日本新潟一个煤矿做苦工。有些人累倒在地,日本卫兵抓着就打。我们晚上就挤在仓库的稻草上,互相靠体温取暖。一次,一个日本军官训话竟说我们是'行尸走肉'。我前面有个俘虏动了一下,这个日本军官竟将他踢倒在地,拿出军刀将他活活砍死。我在日本人手里过了3年半的地狱生活,直到1945年秋天,日本战败投降,我才得到解放,回到美国的家中。

"我回国后,继续在美军中当兵。1948年,我被派到日本的冲绳,1950年9月到朝鲜参加所谓'警察行动'。我被编在美军第24师19团3营L连,在向北推进中,我亲眼看到北朝鲜人的家庭和城市遭破坏,看到美国飞机屠杀平民的情形,从而使我认识到朝鲜人民军英勇作战的原因,我开始认识到这不是什么'警察行动'。我们越过'三八线',进入北朝鲜,把战争推进到了中国边界,真正威胁着中国。假如中国侵犯我们的邻国墨西哥,并轰炸我们的边界城市,我们会有什么反应呢?我们会立即采取措施,消除对我国的威胁,中国人民志愿军参战就是为了保卫自己的祖国。

"我是1951年1月1日被中国人民志愿军俘虏的。志愿军作战英勇,正如朝鲜人民军一样。我们的部队被包围了,唯一的出路就是投降。志愿军和蔼地用英语对我们说:'不要害怕,志愿军宽待俘虏。'志愿军战士把我们带到温暖的屋子里休息,给我们热的食品。我们到达后方俘虏营时,领到了新的棉大衣和毯子。使我大为惊异的是,这个没有任何军事价值的偏僻山村,也遭到了美国飞机的轰炸,在我们自己的飞机炸成的废墟上,中国人民志愿军和朝鲜人民军建起了新房子给我们住。我们的环境不断改善,吃的东西越来越好,有猪肉、牛肉、鸡蛋、蔬菜、面包、水果。冬天屋子里都生了火,热烘烘的。管理俘虏营的人员都非常和蔼,工作很辛苦。

"在我两次被俘中,受到了两种截然不同的待遇:一种是残暴、侮辱和虐待战俘,二战中日本军国主义者就是这样;另一种是真正的人道主义的宽待,这就是中国人民志愿军对待我们被俘人员所做的。"

3.王央公向媒体谈战俘营情况

在志愿军俘管处王央公主任的办公室里,两位外国新闻记者对王央公主任的采访正在进行。

这两位新闻记者,一位是英国《工人日报》记者阿兰·魏宁顿,另一位是法国《人道报》记者威尔弗雷德·贝却敌。

王主任的办公室是一间10多平方米的经过修整的残存平房,有一张办公桌,几张凳子。在屋子的一角,还有一张行军床——实际上这是王央公主任的办公室兼宿舍。

采访时,在座的还有俘管处席一副主任、负责文娱工作的李正凌等。

阿兰·魏宁顿说:"王主任,我们知道你很忙,但是我们仍然希望你能在百忙中抽出点时间,向我们介绍一些关于战俘营的情况,比如说战俘营是怎样建立起来的。"

王央公主任说:"中国人民志愿军入朝参战后,特别是经过头两次大的战役,俘获的美、英军官兵越来越多,组建战俘营就成了一项刻不容缓的紧迫任务。美国飞机狂轰滥炸,到处都是一片焦土。战俘营就是在各方面的支援和朝鲜人民军的配合下,在这块废墟焦土上建立起来的。"

魏宁顿问:"战俘营现在的情况怎么样?"

王主任说:"美国打起'联合国军'的旗号,入侵朝鲜,主要还是美国军队,出兵37万多人;英国出了两个旅,其他国家都只象征性地出一点兵;南朝鲜李承晚军最多时将近50万人,美方总兵力为90余万。"他说:"志愿军俘管处共收管了14个国家军队的俘虏5000多人,其中最多的是美军俘虏,达3000多人;次之为英国俘虏;土耳其俘虏240多人;其他国家的俘虏各有几十个人、十几个人、几个人不等,还有李承晚军俘虏700多人。这些俘虏共编成5个俘管团、1个俘管大队,还有两个俘虏收容所。"

王央公主任拉开帷幕,向来访者展示了墙上张贴的"志愿军战俘营组织机构示意图"。

中国人民志愿军俘虏管理处(碧潼)设以下机构:

秘书科、登记科、文娱科、组织科、调研科、新闻科、保卫科、文化科、供给处、卫生处、总医院、修建科、文艺工作队、电影队、运输大队、警卫营。

俘管 1 团(昌城)、俘管 2 团(零时)(李承晚军俘房)、俘管 3 团(田仓)、俘管 4 团(渭原)、俘管 5 团(碧潼)(原俘管 1 大队)、俘管 2 大队(碧潼郊区平场里)、第 1 俘房收容所(遂安)、第 2 俘房收容所(成川),各兵团设俘管团,各军设俘管大队。

王主任说:"战俘营建成以后,我方将战俘营所在地点通知了美方,并且在营地设置了两块长 12 米、宽 6 米、漆成红色的木板,一块写有英文字母'POW'(Prisoner of war 的缩写,即'战俘');另一块用朝文写上'战俘',作为醒目的标志。但是美国公然违背《日内瓦公约》,美军飞机仍然多次前来轰炸、扫射、袭扰,造成俘房死亡,有些战俘营房舍遭到破坏。"

贝却敌问:"现在战俘们的生活情况如何?"

王主任说:"宽待俘房,这是我人民军队的光荣传统和一贯政策。中国共产党和中央人民政府高度重视俘房工作,毛泽东主席和周恩来总理多次指示,一定要把俘房工作做好。志愿军入朝后,彭德怀司令员即与朝鲜人民军总司令金日成联合签署关于宽待俘房的命令。"接着王主任转向席一副主任,"请席副主任介绍一下我们的俘房管理工作情况。"

席一副主任说:"中国人民英勇抗击日本军国主义的侵略长达 8 年,紧接着又同蒋介石集团打了 3 年内战,中华人民共和国刚刚诞生仅 8 个多月,就抗美援朝。我们没有管教大量美、英军等外国战俘的经验,一开始就套用管教日本和蒋介石集团的俘房那一套做法,结果脱离实际,走了一些弯路。"

席一说:"我们改进了对战俘的管理方法,建立起了一些规章制度。俘虏的伙食标准是,每人每天粮食 875 克,白面、大米取代了初期的玉米、高粱,食油 50 克、肉 50 克、鱼 50 克、蛋 50 克、白糖 25 克,相当于志愿军团级干部的待遇,轻病号、重病号的标准还要高一些,被服供应也定出了标准。战俘生活大为改善,战俘们笑逐颜开。"

李正凌接着说:"战俘营里呈现出勃勃生机,对外影响也在不断扩大。美国方面有人造谣说:'这是共产党的阴谋,不知道什么时候就会变了。'我们说:'不。这不是阴谋,这是阳谋。'志愿军宽待俘虏的政策是这样制定的,广大的干部、战士就是这样不折不扣执行的。"

"呜,呜……"的警报声响了。

王央公主任说:"有空袭警报。今天的访谈到此结束。谢谢两位外国朋友。大家注意防空,注意安全。"

空袭与反空袭的斗争

1. 空袭警报响个不停

志愿军战俘营的空袭警报经常"呜！呜！"地响个不停,接踵而至的是数量不等的美国空军飞机临空一阵轰炸、扫射,地处北部深山僻壤的志愿军俘管 4 团驻地渭原也不能幸免。

春季的一天,渭源的警报声再一次响起。

"空袭警报！大家不要惊慌！按指引的方向到防空洞和隐蔽处去防空!"俘管 4 团登记科的女翻译干部方平和战友们一道,组织美、英战俘们实行紧急疏散,然后动作敏捷地抱起几大捆战俘名单档案资料,跑进掩体躲避。

顷刻间,一批美军飞机飞临渭原地区上空,胡乱扔下一些炸弹后遁去。事后得知,被炸的是附近朝鲜老乡的一个废弃仓库。

志愿军各俘管团、队按国际惯例设置了"POW"(战俘营)标志,并且将战俘营的位置通知了美方;然而美国当局和军方根本不加理睬,仍然派空军飞机对志愿军各俘管团、队进行轰炸、扫射、袭扰,不少美、英战俘被炸死炸伤。

从 1951 年 2 月至 10 月间,美军飞机连续 5 次对朝鲜北部一处毫无军事目标的志愿军战俘营进行轰炸扫射。第一次在 1951 年 2 月 19 日下午 2 时 30 分,第二次在 3 月 17 日,第三次在 4 月 2 日,第四次在 4 月 22 日,第五次在 10 月 13 日晚。

中国人民志愿军和朝鲜人民军发言人揭露说,侵朝美军飞机在这五次突袭中,一共炸死炸伤美、英等国战俘 62 人。

志愿军俘管 5 团的 1262 名战俘于 1951 年 10 月间联名发表抗议书,抗议美国当局及军方派飞机炸死炸伤美、英战俘的残暴行径。

中国人民志愿军政治部俘虏管理处李伟代主任(1952 年底任代主任两个多月)有一份记录详细记载了 1951 年 10 月 13 日轰炸志愿军战俘营俘管 5 团的情况。美军 B－26 型轰炸机空袭碧潼战俘营总部所在地,共投弹 60 枚,炸死美俘 1 人、重伤 4 人(后来死了)、炸伤美俘 3 人;炸死我志愿军 2 人、伤 1 人;炸死驻地群众 2 人、伤 4 人;华侨伤 2 人;炸毁房子 50 间;炸死耕牛 1 头。

李伟代主任的记录材料还记载了另 4 次空袭的情况:

1951 年 11 月 9 日 14 时,美军飞机 6 架,向碧潼营区投弹 6 枚;

1951 年 11 月 14 日 9 时 30 分,美军 3 架野马式飞机向碧潼营区扫射袭击;

1951 年 11 月 19 日 13 时 30 分,美军 6 架 B－29 型轰炸机、2 架战斗机,袭击碧潼营区,投下燃烧弹;

1952 年 3 月 16 日凌晨 1 时 30 分,美机到我昌城俘管 1 团营地进行扫射,当场射伤英俘威廉·布朗。

另一天夜里,美国空军飞机又来轰炸美、英战俘比较集中的昌城俘管 1 团。当时笔者正在昌城工作,炸弹呼啸而下,爆炸声和机关枪扫射声交织在一起,使战俘们惊恐万状,恼怒至极,志愿军俘管人员迅速引导美、英战俘们进入防空洞隐蔽。当他们了解到又是美国飞机来袭时,许多战俘怒火中烧,破口大骂:"我们是美国人,婊子养的!(Son of bitch!)你们往哪儿扔炸弹! 这里又不是志愿军的阵地!"

另一个美军战俘骂道:"我们侥幸没有在战场上被打死,来到志愿军战俘营,麦克阿瑟('联合国军'总司令、美国陆军上将)你这个老家伙又派飞机追杀我们,美国人民不会饶恕你,上帝也是不会饶恕你的!"

一个英军战俘说:"美国空军连我们这些当了俘虏的人也要轰炸,我们在战场上没有死,在志愿军战俘营也不安全了,只有疯子才干得出这样的事来。我要写信给英国政府,向美国当局提出抗议。"

战俘们有些话也骂得粗鲁了一些,但这恰恰反映了他们对美国当局及军方极端愤懑的情绪。这次轰炸,3名美军俘虏被炸死,2名被炸伤。此后,美国飞机又连续来炸了4次。

在防空方面,志愿军俘管处王央公主任早有明确指示:"包括翻译人员和俘管干部在内的所有干部、战士,凡遇敌机空袭,必须首先疏导战俘防空。决不能撇下战俘于不顾,自己先钻防空洞。"具有高度组织纪律性的志愿军干部、战士,坚决服从命令,一切行动听指挥。因此,每次空袭警报一响,翻译和俘管干部立即出动,指引战俘疏散隐蔽,从而大大减少了战俘的伤亡。

志愿军干部、战士面对敌机轰炸扫射,不顾个人安危,沉着冷静,忠于职守保护战俘安全的高尚品德和大无畏精神,使战俘们深为感动。每次空袭警报解除之后,战俘们总是议论纷纷。有的战俘满怀感激之情,敬佩地向我志愿军人员伸出大拇指,盛赞:"大无畏!大无畏!"有的美军战俘还用略带讽刺的口吻和同伴开玩笑说:"不是说被中国人俘虏了要受虐待、要砍头的吗?怎么我们的脑袋现在仍然牢牢地长在脖子上,并没有被砍掉!不仅如此,美国飞机来炸我们这些被俘人员时,中国人还对我们提供保护呢!"说罢,大家哈哈大笑。

2. 空中优势·阳德禁区·米格走廊

美军入侵朝鲜后,凭借其"空中优势",派出大量飞机对朝鲜北方狂轰滥炸,造成城镇和乡村到处都是断壁残垣。首都平壤这座具有1500年悠久历史、战前有40万人口的城市,已被夷为平地。大量平民百姓和妇孺老幼被炸死炸伤,无数家庭流离失所,风餐露宿的人们比比皆是。

随着我志愿军对空火力的增强,特别是年轻的志愿军空军升空后,战场的情况迅速有了改观。

1951 年的一个冬日,笔者奉命从碧潼中国人民志愿军政治部俘虏管理处乘一辆吉普车赶往前方执行任务。行至博川地区时,4 架敌机来袭,其中的一架被我志愿军防空部队密集的炮火当场击落,战士们赶紧清理美机残骸。我举起相机,拍下了这个激动人心的场景。

夕阳西下,云淡风轻,正是赶路的大好时光。沿途所见,被击落的美机残骸处处,笔者两次下车,将美机残骸摄入镜头。

在美国统治集团内部以及军方,并不都是主张凭借它的"空中优势"到处进行野蛮轰炸的。

一名被俘的美国陆军高级军官说:"我从来就不是一个狂轰滥炸的支持者。轰炸只能在平民百姓中播下仇恨的种子,使问题更加复杂化。"

谈起志愿军防空部队的辉煌战绩,战士们都会兴高采烈地如数家珍。

"志愿军高炮 14 营于 1950 年 12 月入朝,1953 年 7 月回国,在两年又 7 个月的时间里,共击落美军飞机 47 架,击伤 147 架,俘获美国空军飞行员 7 人。"

"志愿军 115 师高炮营于 1951 年 6、7 两个月里,在朝鲜阳德地区用单管 37 毫米小口径高炮,取得了击落美军飞机 38 架的重大战果。"

1951 年 6 月 18 日清晨,两架 F-80 型美国飞机来袭,志愿军高炮 14 营 2 炮手刘世英一个点射,5 发炮弹,就将一架美军飞机击落,飞行员跳伞着陆被俘。

紧接着又来了多批 40 多架 F-80 和 P-51 型美军飞机,轮番投弹扫射,高炮 14 营奋勇抗击,战斗持续 5 个多小时,共击落美机 4 架、击伤 3 架。被击落的美军空军中队长潘莱曾是第二次世界大战中的英雄,他被志愿军俘虏后仍很傲慢。

"我不相信我是被中国人民志愿军高炮部队击落的,我敢肯定我是被苏联人打下来的。"潘莱不服气地说。当他看到阵地上全是志愿军人员时,这才伸出大拇指说:"志愿军,很好,我佩服!"

从1951年7月2日至11日的10天里,志愿军115师高炮营在没有雷达、探照灯、火炮照明器材的情况下,7战7捷,击落夜间入侵的美军飞机7架,俘获美军飞行员4名,取得了阳德地区夜间作战的重大胜利。

1951年7月2日晚,一架美国B-26型飞机来犯,志愿军高炮1营仅用一个短点射、3发炮弹,就击中目标,敌机凌空爆炸。从此,无论是白天还是黑夜,美军飞机再也不敢任意来平壤以东的阳德地区袭扰了。

1951年8月的一天,志愿军116师高炮营在被击落的一架敌机的航行图上,竟发现标示着"阳德禁区"字样。

3. 以其人之道还治其人之身

面对猖狂一时的空中劲敌,中国人民志愿军和朝鲜人民军战士莫不满腔怒火,无所畏惧地坚决回击。因此,出现了这样的情况:不仅防空部队用高射炮和高射机关枪击落击伤大量的美国空军飞机,还有战士用步枪和卡宾枪打掉美军飞机的神奇战例。

在志愿军部队里,广泛地流传着一段传奇式的佳话。一天下午,志愿军部队一位首长带着警卫员上前方,途中在一个隐蔽处防空休息。几架美军飞机来袭,又扔炸弹,又开机关枪扫射。其中有一种叫"野马"式的P-51型螺旋桨战斗机,能超低空飞行,能钻山沟,几次飞过头顶,比树梢高不了多少,猖狂极了。警卫战士实在气愤不过,端起美国制造的卡宾枪(比七九步枪短一些的轻便连击枪),朝着飞临头顶的美军飞机就是一梭子。打中了油箱!敌机冒着黑烟,在不远处栽了下来。但是,这位警卫员返回部队后,却因此受到了坐禁闭的处分。因为部队有规定,没有得到命令,不能随意开枪,他违反了规定。出人意料的是,禁闭结束后,部队另给这位警卫员评功授奖,戴大红花,因为他创造了用卡宾枪击落敌机的奇迹。这位警卫员战士笑眯眯地对战友们说:"我不过是'以其人之道还治

其人之身'罢了"。意思是说,他用美国制造的枪打掉了美国造的
飞机。

4. 初生牛犊不怕虎

1950年12月,中央决定组建中国人民志愿军空军。

遵照毛泽东主席关于"轮番实战锻炼"的指示精神,志愿军空军
第4师首先参战。

1951年1月21日,李汉率领志愿军空军28大队升空,首开击
落美军飞机的纪录。1951年1月29日,又击落、击伤美机各1架。
从1951年10月20日起,志愿军空军第3师在半个多月的时间里,
经过20多次出击和战斗,共击落、击伤美机8架,首批空战战果使我
志愿军空军军威大振。

初生牛犊不怕虎。刚刚组建起来的年轻的志愿军空军迅速发
展壮大,频频出现在鸭绿江至清川江一带上空,并且很快延伸到平
壤一带空域。当时志愿军空军作战飞机主要是"米格-15"型喷气
战斗机,美国空军对我志愿军空军活跃的空域,取了个名字叫"米格
走廊"。志愿军空军飞行员作战机智勇敢,捷报频传,沉重地打击和
遏制了美国空军的嚣张气焰和它的"空中优势"。美国空军飞机侵
临"米格走廊",常常是闻风生畏,惊恐不已。

1951年11月10日,朝鲜北部天气晴朗,中国人民志愿军空军
部队和地勤人员警惕地注视着天空。上午10时左右,美国空军飞机
32架分两批由南向北直奔平壤方向袭扰。志愿军空军大队长刘玉
堤和他的1大队奉命起飞拦截,很快发现敌机。他和战友们咬住敌
机紧追不舍,经过3个回合的较量,刘玉堤猛按炮钮,击中其中的一
架,紧接着又击落、击伤敌机各一架。1951年11月23日,刘玉堤一
次就击落敌机4架。他在朝鲜北部上空,在不到半个月的时间里,共
击落敌机6架、击伤2架,刘玉堤的74号"战鹰"身上一共漆上了8
颗红五星。

美国空军并不甘心失败。就在1951年11月10日的同一天,美

国空军飞机 128 架,再次分批进犯清川江、定州、博川等地上空。志愿军空军副大队长赵宝桐率领"战鹰"迎战,他抓住瞬息万变的战机,一连击落敌机 2 架。赵宝桐在东北军政大学学习一年,在第四航空学校学习 10 个月,只有 60 多个小时的飞行记录。他在抗美援朝的空战中,共击落敌机 7 架、击伤 2 架,创下志愿军空军个人击落、击伤敌机的最高纪录。

1952 年 2 月 10 日,志愿军空军第 4 师大队长张积慧,一举击毙了来犯的美国空军"王牌飞行员"乔治·阿·戴维斯及其僚机飞行员。

空战结束后,志愿军地面部队在打扫战场时,在美机残骸中发现飞行员的胸牌,上面刻着"第 4 联队 334 中队中队长乔治·阿·戴维斯少校"。

仅有 100 多个小时飞行记录的张积慧,在抗美援朝战争中,共击落美国空军 F-86 型喷气战斗机 4 架。

戴维斯被称为美国空军"百战不倦特别勇敢善战的空中英雄",有 3000 多个小时的飞行纪录。二战中曾参加对纳粹德国和日本军国主义的战斗飞行 266 次。1951 年 8 月参加侵朝战争,走向反面,执行过 60 次战斗飞行任务,落得个粉身碎骨的结局。

戴维斯这样一个老牌飞行员被击落毙命之后,美国远东空军司令威兰发表"特别声明"说,这是"一个悲惨的失败",是"对美国远东空军的一大打击","给朝鲜的美国空军喷气机飞行员带来一片暗淡气氛"。美国国会议员勃里奇则在国会大唱悲歌,说这场战争"是美国历史上最为绝望的战争"。

美国空军号称"首席三料王牌飞行员"的麦克康奈尔,被我志愿军空军年轻的飞行员蒋道平击落一事,由于美国军方"保密",直到 48 年后才曝光。

1953 年 4 月 12 日,志愿军空军第 15 师第 45 团的米格-15 型喷气战斗机飞行员蒋道平,和战友们在返航途中,在朝鲜西北部的龟城一带上空发现敌机。他机智勇敢地单机冲入敌机群,盯住一架长机。但距离太远，没有开炮。他耐心地追赶，1000米、800米、600米……"你总要转弯，你一转弯，拉近距离，我就打你！"他密切注意搜索、紧跟，为首的那架敌机果然转弯了，蒋道平动作敏捷地立即开炮，一举将那架敌机击中。飞行员麦克康奈尔跳伞逃生，掉到海里，被美军直升机救起。

美军为了保密，对外一直不说。48年之后，美国出了一本书，名叫"朝鲜战争中美国空军的一些战绩"，吹嘘美国空军如何用直升机从海上救起被击落的飞行员麦克康奈尔，这才暴露出来。原来，麦克康奈尔为美国空军"首席三料王牌飞行员"，空军上尉，他驾驶的是一架F-86型喷气战斗机。

我方对多项资料和数据进行综合、全面、科学地分析研究，证实美国空军"首席三料王牌飞行员"麦克康奈尔是被我志愿军飞行员蒋道平击落的。

1953年4月7日下午，志愿军空军飞行员韩德彩和他的战友一共12架飞机升空，插入云霄，与来犯的美国空军飞机遭遇。韩德彩瞄准敌机猛烈开火，一架敌机被击中，飞行员跳伞降落被俘——他就是号称美国空军"双料王牌"的飞行员哈罗德·爱德华·费席尔。

朝鲜停战协定签字后，费席尔同其他美、英战俘们一道，被遣返回美国，他一直想看看当年击落他的是什么样的能人。

5. 成功的轰炸

年轻的中国人民志愿军空军头一次主动出击，就打了一场大胜仗。

在鸭绿江出海口的南面70公里处，有两个名叫大和岛、小和岛的小岛，这里盘踞着一支由美军、南朝鲜李承晚军、台湾蒋介石集团的1600余名特工组成的特种部队——"白马部队"，配备有大功率雷达、侦听设备等，昼夜不停地对志愿军部队的活动情况进行监视和侦听，指示敌机、敌舰对志愿军军事目标进行轰炸攻击，严重威胁到志愿军部队的安全。

"志愿军总部决定:出动空军,配合地面部队,攻占大和岛、小和岛,拔掉敌人安插在我们眼皮底下的这颗'钉子'。"志愿军空军作战室里空气凝重、严肃而又有点紧张,志愿军空军首长向参战部队下达作战命令和具体计划后说,"参战部队要按时做好战斗准备,听从指挥,炸掉大和岛上的敌方情报机关和指挥机构,执行这次任务前要严格保密。"

"我们一定打好第一仗,争取第一功。"参加这次作战会议的志愿军空军师、团首长,组织实施作战计划的领导干部,以及执行这次任务的飞行员等,一致表态回答说。大家感到这是人民空军史上首次境外编队轰炸作战,既光荣,而又责任重大。

1951 年 11 月 6 日下午,随着两颗绿色信号弹在空中升起,志愿军的混合机群列着整齐的队形,出敌不意地向大、小和岛挺进。大队长韩明阳首先发现目标,他兴奋地叫道:"注意瞄准! 准备投弹!"

年轻的志愿军空军第一次主动出击,对敌人目标进行轰炸,就取得了如下辉煌的战果:炸毁敌军营房 45 幢、军粮食品 20 吨、弹药 15 万发,炸沉木船 2 艘,炸死、炸伤敌少将作战科长、海军情报队长等敌特种部队官兵 60 余人,沉重地打击了敌特情报机关"白马部队"。

1951 年 11 月 30 日,由志愿军空军大队长高明月率领的机群,按预定计划,对大和岛、小和岛进行第二次轰炸,彻底摧毁了敌岛目标,并创造了以"活塞"式歼击机击落敌喷气式战斗机两架、击伤 5 架的战绩。当晚,志愿军陆军部队登岛,全歼盘踞在岛上的敌军,从而铲除了敌人的这个黑窝点。

中国人民志愿军空军的这两次轰炸行动,在美国内部引起了极大的震动。美国空军大学的教材中说:"1951 年 11 月 6 日,一队双发动机的杜－2 螺旋桨式轻型轰炸机对大和岛进行了成功的轰炸。"

其实,敌我双方空军力量的对比是极其悬殊的。

资料显示,1950 年至 1951 年间,美国在入侵朝鲜的战场上,先后投入了 19 个空军联队、1100 架(后增至 1700 架)各种型号的飞机;美国空军飞行员大多数都参加过第二次世界大战,他们的飞行时间都在 1000 小时以上。

6. 以弱胜强　以少胜多

志愿军空军在参战初期仅有 2 个歼击航空兵师、1 个轰炸团、1 个强击团,各型飞机不足 200 架;志愿军飞行员驾驶喷气战斗机的时间,平均只有 30 多个小时,而且全都没有空中作战的经验,全都是头一次升空对敌作战。

然而,这种敌强我弱的强烈反差,并没有妨碍志愿军空军以弱胜强,以少胜多,屡建战功,屡创奇迹。靠什么? 志愿军空军战士响亮地说:"我们靠的是高度的爱国主义热忱和肩负的国际主义义务,靠的是反侵略的坚强意志和政治思想觉悟,靠的是英勇善战、敢打敢拼、要压倒敌人而决不被敌人压倒的信心和决心。"

据统计,从 1950 年 12 月至 1953 年 7 月,中国人民志愿军空军共起飞 2457 批、26491 架次,进行对敌空战 364 次,击落、击伤美国空军各种型号的飞机 425 架,占美国空军投入飞机的四分之一。

美国空军的许多飞行员被志愿军空军和防空部队击落毙命,更多的美国空军飞行人员当了志愿军的俘虏。

资料　1950 年 10 月—11 月志愿军进行第一次战役时中美军力对比

	志愿军一个军	美国一个军（按三个师计）
人数	4.5 至 5 万人	6 万人
火炮	198 门	1428 门
汽车	120 辆	9000 辆
坦克	无	430 辆
火箭筒	81 具	1600 具
无线电通信机	70 台	5000 台

在朝鲜战区，美军还有 1100 架作战飞机和 300 艘军舰，志愿军则没有空军、海军的支援。

以上志愿军的数据取于装备最好的原人民解放军四野的部队，第 66 军的装备还达不到这个编制数。志愿军的装备质量一般也远远落后于美军，如志愿军的火炮口径多为 75 毫米，美军火炮口径多为 105 毫米和 155 毫米。

（摘自中央文献出版社《抗美援朝战争画卷》第 25 页）

细菌战——黔驴技穷的伎俩

1. 他们发动了一场"肮脏的战争"

在朝鲜战场上,侵朝美军连吃败仗,损兵折将,黔驴技穷,竟不顾国际公约,冒天下之大不韪,对朝鲜北部和中国东北等地区发动大规模的细菌战。

朝鲜北部的冬季天寒地冻。然而就在 1952 年 1 月 28 日这一天,在朝鲜铁原郡的外远地、龙沼洞等地,却发现了许多异样的情况:到处散落着许多秸秆、羽毛、烂鱼、臭肉、用纸盒子装的昆虫,包括苍蝇、跳蚤等,经过检测,发现这些肮脏的东西都带有病毒和病菌。

1952 年春季的一天,志愿军炮兵第 7 师 20 团测绘员方元和曹景馥在平安南道松洞地区执行任务后坐下休息时,发现裤腿上有一些大跳蚤,便戴着手套抓了十几只,放在铁盒里,随后又在附近发现一片密集的跳蚤群,卫生队立即点火焚烧,对两位测绘员也进行了消毒。他俩收集的跳蚤样品,经志愿军卫生部检验,都带有鼠疫杆菌。

傅芝卿是志愿军第 24 军第 72 师文工队分队长,部队驻守的元山港一带是美军实施细菌战的重点地区之一,她是这场细菌战的一名受害者。她被感染后,突发高烧,呼吸极为困难,常常处于昏迷状态。医务所组织了一个医疗抢救小组紧急救治,也不见效,于是,部队领导决定将她送回国内的医院救治。经专家会诊,确认受多种细菌感染,并发多种疾病,严重危及生命。医生专门制订了医疗方案,经过医护人员的精心治疗和护理,傅芝卿终于转危为安,逐渐康复,返回到了久别的志愿军部队。

进一步发现:美军不仅用飞机投掷细菌弹,还用火炮发射细菌弹。美军布撒细菌的范围逐步扩大到朝鲜北部的 7 个道 44 个郡,甚至连志愿军战俘营驻地也发现大量的带菌毒虫。美军还在中国的东北以及青岛等城乡地区投掷了细菌弹,从 1952 年 1 月至 3 月期间,已经发现美军在朝鲜北部地区和中国东北、青岛等地投掷和发射的细菌弹,共达 804 颗。

2. 紧急部署搜集佐证

志愿军俘管处领导紧急部署搜寻美方在志愿军战俘营周边地区投掷细菌弹、布撒细菌的证据,秘书冯宝龙奉命率领军医和几名战士执行此项任务。

"发现有 1 枚已经裂开的细菌弹,弹壳下面还有许多死苍蝇、老鼠。"几位战士高声向军医和冯秘书报告,以后在附近又发现了一些。

战俘营领导命令冯宝龙和他的搜寻小组,把那些细菌弹片收集起来,将美军飞机布撒细菌的现场以及带菌昆虫等实物拍成照片,在战俘营区展出。

许多美、英战俘看了展览,都相信这是事实,但又不免担心,美国这样干,战争将会愈演愈烈,长期拖延下去,回家的希望将会更加渺茫。

有极少数战俘就是不相信,一个名叫道斯曼的美军战俘还说:"美国是民主国家,不至于违背国际法使用细菌武器、干出这种蠢事的。"

正当志愿军干部战士、所有战俘,以及战俘营周围的朝鲜群众普遍打防疫针的时候,道斯曼不仅不肯打防疫针,还调皮地故意从路边找到一只蚂蚁丢到嘴里吃了。

第 2 天,道斯曼发起了高烧,上吐下泻,他焦急地向志愿军军医哭诉道:"我是不是感染细菌了? 快救救我吧,让我活着回家去!"这个美军战俘立即被送到战俘营医院紧急救治。

3. 被俘的美国空军飞行人员纷纷作出交代

随着朝、中方面防空力量的不断加强,以及年轻的志愿军空军飞机升空主动出击,越来越多的美国空军飞机被击落、击伤,许多美国空军的飞行员和空勤人员被俘。他们在志愿军战俘营里,亲身感受到了志愿军的宽大政策带给自己的好处,纷纷打消了顾虑,交代了自己投掷细菌弹、参加细菌战的事实。

首批作出交代的是美国空军中尉飞行员约翰·S. 奎恩(John S. Quinn,军号 A17993);还有一名,就是美国空军中尉领航员肯尼斯·L. 伊纳克(Kenneth L. Enoch,军号 02069988)。

奎恩是加利弗尼亚州人,1923 年生,靠年近花甲的老母打工将他抚养长大。中学毕业后于 1948 年 2 月进入美国空军航校学飞行,毕业后奉派到空军学院任教,随后被派到朝鲜,在美国空军第 5 联队第 3 大队第 3 中队第 8 分队任 B - 26 型机的飞行员。1952 年 1 月13 日到朝鲜北部地区上空执行"特殊任务"时,被中国人民志愿军击落。

奎恩向志愿军俘管干部述说了他刚刚被俘时的情况,他说:"我被俘之初,很害怕,怕受虐待,怕被杀头,因为(美国)当局和军方是这样说的。然而,事实是,当我放下武器后,志愿军人员就发给我好的食物,给我暖和的衣服,还有毛毯,并且一再耐心而和蔼地向我讲解什么是宽待政策。我紧张而害怕的心情这才放松下来。"

奎恩详细交代他几次接受指令飞临平壤地区上空及附近公路桥梁等地带投掷"哑弹"(细菌弹)的经过情况,他说:"我们投下的'炸弹'容器里装有花蝇、黑跳蚤、其他昆虫。每个炸弹长 137 厘米,宽 36.4 厘米,由两瓣组成,内分 4 格,弹壳为钢皮,厚 0.15 厘米,炸开后分为完整的两瓣。我驾驶的飞机头一次将'炸弹'投掷在宁远郡宁远面马上里。第二次在博川郡龙西面星里山地上空盘旋,正准备投弹,飞机被地面高射炮击中,我于是跳伞着陆被俘。"

奎恩还说:"当时,我腿部被树枝划破,鲜血把裤子都染红了,是志愿军用担架将我抬到医务所上药包扎,换上新衣服,然后才送到后方战俘营的。"

肯尼斯·伊纳克是俄亥俄州人。1925 年 1 月生,大学二年级文化。1943 年应征入伍,进入空军。入朝后与奎恩同在美国空军第 5 联队第 3 大队第 3 中队第 8 分队,任中尉领航员。在平壤地区执行轰炸任务时,被志愿军防空部队击落俘虏。他交代了他和 20 多名美国空军飞行人员于 1951 年 8 月 25 日在日本基地参加关于投掷细菌弹、进行细菌战的绝密讲座,以及他和同伴几次搭乘 B-26 型飞机潜入朝鲜北部地区上空投掷细菌弹的详细情况。

1952 年 2 月的一天,美国空军飞机在志愿军第 9 兵团驻地附近投掷细菌弹,其中一架被击落,一名美国空军飞行人员被朝鲜老百姓团团包围。女英文翻译刘禄曾奉命带领几名战士冒着零下 30 多摄氏度的严寒,紧急赶往离驻地 30 多公里的小山村,去接收这名被俘的美国空军飞行人员。由于这名美军俘虏对于我志愿军宽待俘虏政策不了解,害怕得很,加上天寒地冻,他急得直哭,说自己名叫依克斯。其实这个名字是假的,他的真名叫伊纳克,并且趁我方管理宽松的间隙,从后门逃跑了。我警卫战士在一个小山上找到他时,发现他手里还拿着一片破镜子,企图用镜子的反射光,与美军飞机联络,前来搭救他。他的目的没有实现,按照领导指示,没有对这名美国空军飞行人员施加处罚,他被送往志愿军俘管处总部统一管理。

1952 年 4 月初,志愿军前线部队将 4 名美国空军战俘送到后方战俘营,这 4 名 B-29 型轰炸机的飞行人员是从日本基地起飞,来到朝鲜北部地区进行空袭的。他们交代他们所在部队投掷过细菌弹,轰炸过志愿军昌城俘管 1 团驻地;他们自己也投掷过"特型炸弹"(即细菌弹),轰炸过志愿军战俘营。

先后交代投掷过细菌弹、参与细菌战的美国空军被俘人员有 25

人,其中有美国空军上校军官3人。25人名单如下:

弗兰克·H.许威布尔	小安德烈·H.爱文斯
瓦克·M.马胡林	罗伊·H.布莱
约翰·A.奥斯本	约翰·S.奎恩
凯尼斯·L.伊纳克	保罗·R.克尼斯
劳勃脱·O.鲁利	小霍华德·B.郝庆斯
戴维德·E.潘尼	鲍贝·E.汉麦
小詹姆士·E.耿诺	劳勃脱·E.马丁
小约翰·G.爱立斯	罗士·华伦
温斯顿·J.萨梦逊	威廉·L.福恩斯
却利斯·E.史托尔	弗洛依德·B.奥尼尔
理查·G.瓦斯	查理士·M.克尔
华伦·W.勒尔	乔治·F.勃鲁克斯
凡士·R.弗立克	

(载 1953 年 9 月 7 日《人民日报》)

这25名美军战俘都写出了详细的交代材料。笔者当时正在志愿军战俘营总部工作,亲眼目睹他们在交代材料上签名,并且进行了录音。他们在办完这些事情之后,感到志愿军俘管当局并没有加罪于他们,没有对他们施加惩罚的意思,一个个显得很轻松的样子。许多人感到后悔、愧疚,说不该参加这场"肮脏的战争"。他们还纷纷表示"要加入爱好和平者的行列,重新做一个新人,以洗刷自己良心上的过失"。

在抗美援朝期间,在反细菌战中,志愿军干部、战士,志愿军部队驻防地区的朝鲜群众,均接种预防疫苗,打预防针,志愿军俘管处也给所有的战俘打了预防针。

对于美国当局和军方发动大规模细菌战的行径,朝、中两国政府当即提出严正的抗议。

一场大规模的爱国卫生运动在朝、中两国轰轰烈烈地展开。

4. 调查报告一经公布，国际舆论同声谴责

国际组织代表、知名人士、新闻记者等纷纷前往志愿军战俘营，调查了解美国发动细菌战的情况。

由奥地利、意大利、英国、法国、巴西、比利时、波兰等国著名的法学家组成的"国际民主法律工作者协会调查团"，以及世界和平理事会、加拿大的国际知名人士文幼章先生等，专程前往朝鲜北部进行实地调查。调查团团长布兰魏纳在调查结束后举行记者招待会，发表调查报告书，列举事实和物证，认定美国空军对朝鲜北部和中国东北等地投掷了细菌弹，发动了细菌战。

大约一个多月以后，一个专门调查美军在朝鲜撒布细菌、发动细菌战的国际(科学委员会)调查团来到朝鲜。调查团中有来自十来个国家的细菌学、昆虫学、病理学专家以及相关的专家、学者，其中包括中国的核物理学家钱三强，他们在平壤市一座已被美国空军炸毁的建筑物的地下大厅里举行座谈会，直接听取志愿军测绘员方元、曹景馥等十多位见证人和目击者的证言，证明美军在朝鲜使用了细菌武器，并确认朝鲜北部和中国的东北等地区，是美军使用细菌武器攻击的目标。

中国政府派出了以李德全、廖承志为正副团长的"美国细菌战调查团"前往朝鲜进行调查。

1952 年 5 月，由朝、中两国专家记者组成的"联合询问团"前往志愿军战俘营总部所在地碧潼，其中包括中国细菌学专家张乃初、昆虫学家陈景锟、北京各主要新闻单位的记者、电影摄制组，还有英国《工人日报》记者阿兰·魏宁顿、法国《人道报》记者贝却敌等 50 多人。他们分别询问了投掷过细菌弹的美国空军被俘人员，进行了详细的调查研究，写出了书面报告。

周恩来总理接阅"调查团"和"询问团"的报告后，连夜审批，并决定连同美国空军被俘人员的书面交代材料以及他们的录音，于

参加国际组织调查美军在朝鲜发动细菌战的法国《人道报》记者贝却敌,在碧潼与志愿军俘管处工作人员合影

1952 年 5 月起分批同时在北京和平壤公布;一批揭露美国进行细菌战的传单,也被及时运到朝鲜前线散发。

一石激起千层浪。此事一经公布,全世界爱好和平与主持正义的国家和人民极为愤慨。世界和平理事会、世界工会联合会、国际妇女联合会,以及世界民主青年联合会、国际学生联合会等众多的国际组织和群众团体,纷纷发表声明,进行严厉谴责。

5. 投掷过细菌弹的战俘同样受到宽待

根据中央军委、总政治部、志愿军政治部历次的指示精神,为了保障投掷过细菌弹战俘的人身安全,他们一律由志愿军碧潼俘管处统一管理。同时对他们均实行宽待政策,不因他们投掷过细菌弹、参与过细菌战而加以歧视,更不允许虐待。在物质生活、医疗保健、文化娱乐、与亲友通信联系等诸方面,均与其他战俘一样,享受同等待遇。

美国空军投掷过细菌弹的战俘伊纳克于 1952 年 4 月 8 日《给中国人民志愿军的一封公开信》中表示要"重新做人",他在信中说:"现在,我做了中国人民志愿军的俘虏,你们待我像朋友一样。我吃得很好,穿得暖和,受到医疗照顾,有烟抽,有糖吃,还享受着许多其他的仁慈待遇。"伊纳克说:"我已下定决心,要加入爱好和平者的行列,重新做一个新人。"

美国空军战俘鲁利曾 18 次驾机投掷过细菌弹,他的飞机被击中,他跳伞被俘后,同样受到了志愿军的宽大待遇。鲁利激动地对志愿军俘管干部说:"志愿军对我们和善而宽大的待遇,使我们感到出乎意料。我们曾到过几个不同的管理营地,每到一处,都受到良好的待遇,我生病时受到及时的医疗照顾。我希望我能为大众与和平做些有益处的事。"

关于美国在朝鲜进行细菌战的问题,美国当局一直是遮遮掩掩,矢口否认,然而事实俱在,铁证如山,辩解和抵赖又有什么用呢!

事隔半个世纪,加拿大的历史学家还在出书加以印证。据美国《新政治家》周刊 1999 年 10 月 25 日刊载彼得·普林格尔的文章报道,多伦多约克大学的两名历史学家斯蒂芬·恩迪科特和爱德华·哈格曼出版了一本书,题为"美国与生物战:来自冷战初期的秘密",该书援引大量事实证明,美国曾在朝鲜战争中使用过生物武器,报道还说:"这是迄今为止证明美国使用了生物武器而作的最有说服力的尝试。"

战俘管理工作亟需改进

1. 战俘思想情绪一度不稳定

由于美国空军不断对志愿军战俘营进行轰炸袭扰,造成交通运输不畅,影响到物资供应和战俘生活的改善,加上管理战俘的经验不足,战俘们的思想情绪一度很不稳定。

十多个国家的战俘汇集在一起,其中以美军战俘居多。这么多的战俘,形成了一个特殊的群体,从而产生了许多特殊的矛盾。战俘们的国籍、肤色、民族、语言、宗教信仰、风俗习惯、历史文化、心理素质、思想特点等等,各不相同,反映在日常生活中,头绪纷繁,问题迭起。以扑克牌赌钱者有之,美军军官战俘对士兵战俘颐指气使者有之,白人战俘对黑人战俘搞种族歧视者有之,不遵守纪律打架闹事者有之,蓄意恶作剧者亦有之。

一次,一个美军战俘恶作剧,竟偷偷将猪肉放进土耳其战俘的饭食里。土耳其战俘信奉伊斯兰教,是不吃猪肉的,这可不得了!

"是哪个兔崽子干的?站出来!"一群土耳其俘虏聚在一起,要对美军战俘展开攻击,眼看矛盾将要激化。

"你们全都散开,各自回到宿舍去!"俘管干部林新源等及时赶来,慎妥地排解了这场一触即发的恶性争斗。事后,志愿军俘管处将美军俘虏和土耳其俘虏分开编队管理,避免类似事件再次发生。

在此,笔者就美军中的种族隔离问题多写几句。

在第二次世界大战时,美军部队是实行种族隔离制度的,非洲裔黑人被视为"二等公民",受到歧视,与白人分开编组,由白人军官指挥。

1947 年,一位名叫伦道夫·A.菲利普的劳工领袖组织发起了一个反对美军部队中歧视黑人的委员会,呼吁黑人拒绝服兵役,要求取消美军种族隔离制度。1948 年美国总统杜鲁门发布命令,取消武装部队中的种族隔离制度,但是并未执行。

美国入侵朝鲜的战争爆发后,1950 年 7 月 13 日抵达朝鲜的美军第 25 师第 24 团,就是一支全由黑人组成的部队。为了鼓舞士气,麦克阿瑟专程来到朝鲜金浦机场,对这支部队进行视察和检阅。

大出所料的是,这支黑人部队刚上战场仅 10 天,即 1950 年 7 月 22 日,就在尚州地区遭到朝鲜人民军的沉重打击,毙 27 人,伤近 300 人。此后,还有一个黑人连集体向中国人民志愿军缴枪投降。

在美国,不仅在美军部队中,在社会上,种族歧视和反对种族歧视的斗争一直没有停止过,有时相当尖锐。1951 年底,由黑人组成的美军第 24 团残余部队被分散补充到美军白人部队中去。朝鲜停战 15 个月即 1954 年 10 月,美国陆军中这才没有完全由黑人组成的部队。

志愿军俘管干部叶成坝最初经历的几件事情,令他印象深刻,经久不忘。叶成坝是湖南大学英语系参加抗美援朝的同学之一,他被分配到碧潼志愿军政治部俘虏管理处总部,随即被调到渭原俘管 4 团 3 中队担任俘虏管理工作。

第一件事是,在俘管队里,叶成坝经常同俘虏进行个别谈话,了解他们的思想动态,向他们宣讲志愿军宽待俘虏的政策。出乎意料的是,有些美、英俘虏表现出不同程度的疑虑和抵触情绪。

"什么是宽待政策?我们不懂,也不相信,你们骗人!"有的美军俘虏直截了当地说。

原来,他们在被俘之前,美国军方一直向他们进行欺骗宣传,说什么"被志愿军俘虏了要'受虐待',要'砍头'",因而他们被俘之初非常害怕。后来大量事实说明,情况完全不是那样。在志愿军战俘营里,生命安全有保障,人格得到尊重,个人财物可以保留,有伤有病能得到及时治疗。

一个名叫丹兹勒(Danzler)的美军俘虏对叶成坝讲述了自己在第一次战役即云山战役中被俘的经过。当时丹兹勒被围困在战壕里,志愿军喊话要他出来,他没有出来,而是对着冲进战壕的志愿军打出一梭子弹。子弹从志愿军战士头顶飞过,子弹打光了,他只好举起手来,认为必死无疑。哪知那位志愿军人员却过来与他握手,他就这样当了俘虏。丹兹勒对叶成坝说:"我的命是中国人民志愿军给的。"

第二件事是,在美国,种族歧视很严重,白人和黑人之间的矛盾非常突出,南部各州尤其如此。叶成坝工作过的志愿军俘管5团1中队以美国黑人居多,他了解到黑人战俘有反战情绪,对美国国内的种族歧视现象深表不满。他将这一情况向团领导作了汇报,其他中队也有类似反映,于是,团领导决定:将各中队的所有黑人战俘都调集到1中队,集中管理,加强教育,进一步启发其"阶级觉悟"。殊不知这一举措引起了美国黑人俘虏的强烈不满,他们提出抗议说,志愿军搞种族隔离,是地道的种族歧视,一些美国白人俘虏则在一旁偷着乐。事已至此,怎么办? 只好按照统一口径,向战俘们作解释:搞种族歧视的是美国,中国人民和中国人民志愿军历来主张各民族和不同的种族一律平等,反对搞种族歧视。事后总结工作认为,这是俘管工作中的一个教训,将美国黑人俘虏同白人俘虏分开编队管理确实不妥,说明我们对美国的社会问题缺乏深入的了解和研究。

第三件事是,初始阶段,我们对美、英等军战俘的管理,曾经一度不看对象,不加区别,生搬硬套地采用解放战争时期对待国民党军队俘虏的做法,给战俘们上大课,讲社会发展史,进行阶级斗争教育,课后分组讨论。事实是,这种做法不仅得不到好的效果,反而招致战俘们的不满、抵触,甚至是公开反对。因为战俘们认为这是给他们"洗脑",进行"赤化教育"。战俘中违规违纪事件不断发生,有一名俘虏向叶成坝反映:有人要搞"黑方块俱乐部",拉他参加,宗旨是什么,说不清,已发展五六名成员。经领导批准,俘管团取缔了这个秘密组织,但是搞秘密活动的战俘没有受到处罚,因为他们没有造成破坏。

在其他俘管团、队,也不断发生事端。

在碧潼俘管 5 团和军官战俘大队,有十来个美军俘虏自发地在田间地头用高粱秆一捆一捆地摆成"POW"(战俘营)字样。他们这样做,动机各不相同。有人想用这种方法昭告美军飞机:这里是战俘营,是自己人,不要来炸了;有人则想向美军飞机表示设法前来搭救他们。但是这些都没有用,既没能阻止美军飞机前来轰炸扫射,也没有召唤到美军飞机前来搭救他们。如前所述,个别俘虏还钻管理工作宽松的空子,从后山逃跑。但是,崇山峻岭,水网交错,恰似布下的天罗地网一般,又能跑到哪里去! 后来还不是被朝鲜老百姓捉住送了回来。

2. 一名俘虏演节目信口雌黄

在昌城俘管 1 团,一次举办文艺晚会。一名俘虏自编自演一个"单口相声"似的小品,名为"无题"。他满口俚语讲述自己从参加侵朝战争到被志愿军俘虏的经历,博得掌声不断。在这种情况下,这个战俘竟得意忘形、信口雌黄起来,说什么作为"王牌部队"的职业军人,上天能跳伞,下海能飞渡,在森林如猛虎,入水塘似鳄鱼,他是无所不能的。这个俘虏突然话锋一转,说他这样一个现代化武装的全能白种兵,好一个顶天立地的汉子,却败在了黄面孔、黑头发的"古克"(对中国人的蔑称)手上,他居然叫嚣:"这不公平! 上帝快睁开眼睛,让那些吃米饭的'古克'土老帽下地狱,让我们吃面包的白种人上天堂……"

顿时晚会会场引起了一阵骚动,主持演出的翻译沈觐光十分气愤,他责令这名战俘回到中队去,并中止了晚会的演出。

沈觐光的曾祖父沈葆桢是清朝反帝爱国民族英雄林则徐的女婿,担任过江西巡抚等要职,他的曾祖母是林则徐的女儿;1946 年 12

月 24 日在北平东单被美军士兵强奸的受害者、北京大学女学生沈崇，是他的堂妹（这个事件曾激起全国人民和青年学生的抗议活动）。在这样的家族和历史背景下成长起来的沈觐光，具有强烈的爱国自尊心。他听到晚会节目中有侮辱中华民族和国家的言辞，怒不可遏，未经向上汇报请示，立即采取断然措施，使整个晚会不欢而散。

昌城俘管 1 团政委夏时召开团领导班子会议，分析问题产生的原因，认定战俘演出节目出现的错误，属于种族歧视偏见所致，不是故意制造事端，应给予批评，帮助他端正态度和认识，免于处分。翻译沈觐光，爱国热忱可嘉，但处理突发事件简单化，且未及时向上汇报请示，应帮助他提高思想认识和组织纪律性。报告送到俘管处总部，得到王央公主任及诸领导的认可。

3. 一波刚平，一波又起

一波刚刚平息，更严重的一波又起。

一名因犯错误正在被关禁闭的美军战俘，有话要对俘管干部和翻译诉说，猛敲禁闭室的门板。正在室外值勤的一位志愿军排长示意要他安静下来，就在他用枪托撞击门板的一刹那，已上膛的子弹突然走火击中了自己，排长应声倒下。闻讯赶来的翻译看到那个战俘吓得直打哆嗦，自言自语地说："这一下可完了，我非死不可。可是我不是要闹事啊！哪里能说得清呢！"

志愿军俘管处王央公主任接到报告后，连夜从总部碧潼赶到相距 340 公里的俘管 1 团驻地昌城，会同张芝荪团长、夏时政委等领导人，深入调查取证，并耐心听取坐禁闭的战俘陈述，最终得出结论：这是一起持枪走火自伤致命的突发事件，不是谋杀。

这个客观、公正的结论一经公布，在俘管 1 团战俘中引起了极大的反响，战俘们普遍认为，志愿军办事公道，品德高尚。那名坐禁闭的战俘更是感激涕零，志愿军战俘营领导层没有将警卫排长意外之死归罪于他，大大出乎他的预料。他在禁闭期结束后，逢人便夸赞志愿军,表示他将"永远把中国人民志愿军当作最真诚、伟大的朋友"。

王央公主任对于这样一件重大的突发事件,亲临现场,实事求是,秉公办事,不偏不倚,受到战俘们的普遍欢迎和敬佩。

像这样的突发事件,在志愿军战俘营建立之初不时发生。王央公主任深深感到,这不是日本战俘,不是蒋介石集团军队的战俘,这里是以美国侵略军为主的多国军队的战俘,必须根据不同的对象,区别对待。必须严格执行我人民军队宽待俘虏的政策,建立和健全必要的规章制度,改进和加强对战俘的管理工作。许多俘管干部、翻译和基层工作人员也纷纷想点子、出主意,给俘管领导提出改进和加强俘管工作的建议。

4."来自(美国)家乡的民间大使"

1951年初冬的一天,北京北新桥一座大院的客厅里,灯火辉煌,一次特别的聚会正在进行。国家副主席宋庆龄和她的几位海外亲属,中央人民政府华侨事务委员会主任何香凝、副主任廖承志和夫人经普椿等,参加了这次聚会。亲友们济济一堂,从家事到国事,谈得十分热闹。

廖承志副主任兼任中国人民保卫世界和平委员会副主席,他在谈到抗美援朝战争时说:"中国人民志愿军入朝参战后,经过几次大的战役,俘虏越来越多,绝大多数都是侵朝美军官兵。但是,俘虏们受了欺骗宣传,对志愿军的宽待政策不了解,心怀恐惧,怕杀头,怕受虐待,想家想亲人,思想苦闷,精神压力很大。"

宋庆龄副主席听了情况介绍,转身对在座的晚辈陈志昆说:"志昆可不可以去朝鲜看看那些美军俘虏,他们都是受骗去朝鲜打仗的。志昆去到志愿军战俘营,要向战俘们介绍美国的情况、美国人民争取结束朝鲜战争所做的努力,缓解他们怀乡思亲的苦恼,提高他们生活的勇气。向他们解释志愿军的政策,使他们宽下心来。战争结束后,是会让他们回美国去同家人团聚的。"

在座的亲友们一致赞同宋庆龄副主席的意见,认为是一个好主意。陈志昆自己也感到很受启发,欣然衔命。

陈志昆,祖籍广东,1911 年在美国夏威夷檀香山出生、侨居,是孙中山先生之子孙科夫人陈淑英的堂弟,能说一口流利的英语和广东口音浓重的普通话。1934 年,陈志昆在夏威夷大学毕业,随同时任中国国民政府立法院院长的孙科从夏威夷回中国,担任孙科的英文秘书。其后,陈志昆在延安待了 9 个月,有机会认识了共产党的多位高层领导。二战期间,陈志昆担任中国工业合作社 4 个战区东南 7 个省办事处主任。中国内战爆发后,陈志昆回到夏威夷。1950 年 10 月,同也是在檀香山出生、侨居的黄寿珍女士结婚。8 天之后,这对新婚夫妇满怀参加新中国经济建设的热忱,从檀香山踏上了前往中国的旅程,于 1951 年 1 月 5 日抵达北京。2 月,陈志昆作为专家到外文出版社工作,夫人黄寿珍到国际新闻局担任专家。

肩负着长辈的嘱托和亲友的期盼,陈志昆做了一番认真的准备,他带了打字机、录音机、照相机,还备了一些香烟、咖啡、糖果等,在中央人民政府人民革命军事委员会总政治部宣传部的两位女翻译袁善如、吕斌的陪同下,从北京前往志愿军俘管处总部碧潼。当时笔者另有任务,奉命要去碧潼,于是与陈志昆先生等结伴同行。

在志愿军战俘营总部,陈志昆先生受到了王央公主任等领导人的热情接待和欢迎。他在美军战俘比较集中的碧潼俘管 5 团和昌城俘管 1 团停留两个多月,听取俘管团领导关于战俘情况的介绍,参观战俘的生活起居、文娱活动、医疗卫生设施等,同不计其数的战俘进行了个别谈话,给战俘们拍了许多照片,进行了录音。有时美国空军飞机飞临战俘营上空袭扰,他就同战俘们以及志愿军工作人员一起钻防空洞;警报刚一解除,就从防空洞出来继续工作。陈志昆先生用从北京带来的糖果、香烟、咖啡等招待战俘们,他态度和蔼,平易近人,战俘们都很乐意同他会晤,进行思想交流。

在同美军战俘们的接触和座谈中,陈志昆先生着重就广泛的问题同他们进行了交流和沟通,介绍自己的情况、家世、兴趣爱好、人生理想、追求的目标;述说美国政治、经济、文化、教育,以及社会各方面的最新情况,影坛动态、体坛赛事等;讲解朝鲜战争的起因、性质、战况、趋势,美国当局、两党各派、广大民众对朝鲜战争的不同态度、反战的呼声,世界各国人民争取和平的斗争浪潮;讲解中国人民100多年来遭到列强侵略、压迫的痛苦,今天获得解放的喜悦,渴望过和平生活、建设自己美好国家的真切愿望;阐述中国人民志愿军入朝参战的原因,以及志愿军宽待俘虏的政策,希望战俘们放下思想包袱,争取早日结束战争,返回美国与亲人团聚;允诺将所拍照片、钢丝录音带、亲笔信件,转寄给在美国的亲友,帮助战俘们与其亲友沟通联系。

陈志昆先生的谈话,受到美军战俘们的热烈欢迎。战俘们听得津津有味,欢声笑语,不绝于耳。

在行将结束这次访问的时候,袁善如和吕斌将自己听到的反映告诉陈志昆先生:有的战俘说,听了陈先生的谈话,消除了很多不必要的疑虑。有的说,知道了很多不知道的情况,增加了很多新的知识,开阔了胸襟,获益匪浅。还有的战俘说,见到陈志昆先生,大有"他乡遇故知"的感觉。

吕斌和袁善如都对陈志昆说:"美军战俘们还给你取了个美好的称呼:'来自家乡的民间大使'。"

陈志昆先生听了哈哈大笑,他对吕斌和袁善如说:"这次我们对战俘营的访问,印证了宋庆龄副主席的话,效果是很好的。"他说:"美军战俘们给我这一美妙的头衔,应该说,都因为有你吕斌和袁善如二位全程陪同,并鼎力协助啊!"

"及时雨"

1. 第一次对敌工作会议在碧潼召开

中共中央毛泽东主席、政务院周恩来总理在百忙中密切关注着志愿军俘虏管理工作情况,并且适时发出指示:对外俘的政治工作应确立以反对战争、争取和平为主题,不要上大课,着重办好图书馆、俱乐部,管好生活。

1951年6月15日,主管敌军工作的中央军委总政治部宣传部黄远副部长专程从北京到碧潼,主持召开第一次对敌工作会议。这是第五次战役胜利结束后的一次重要会议,参加会议的有志愿军各级对敌工作部门的领导干部。黄远副部长传达了中央关于改进和加强俘管工作的指示,并在会上作报告,详细分析将近一年来抗美援朝胜利的态势、朝鲜战场形势的发展变化、美英等多国军队战俘的思想动态,回顾宽待战俘政策的执行情况,提出了贯彻中央指示以改善和加强俘虏管理工作、从政治上进一步瓦解敌军的一系列措施和方法。中央的指示和黄远副部长的报告,使与会代表深受鼓舞。

2. 大力贯彻中央指示

王央公主任和俘管处领导非常重视中央指示,认为志愿军第一次对敌工作会议开得及时,中央指示是改进和加强俘管工作的"及时雨"。会议结束后,他立即组织俘管处总部及各级俘管部门人员认真学习,切实贯彻,并首先抓俘虏伙食工作。俘虏伙食搞得好不好,直接关系到俘管工作的成效。因此,俘管处采取了种种有力措施,打通供应渠道,改善运输条件,使给养和供应物资源源不断地运往俘管处及各级俘管单位,从而迅速扭转了初期因战事激烈、敌机轰炸袭扰,运输供应极为困难、俘虏生活一度很差的情况。

3.文娱活动广泛开展

随着俘管机构的逐步完善,一些必要的规章制度也陆续建立起来了。各俘管团、队都以中队为伙食单位,组成"伙食管理委员会",自己管理伙食,俘虏自己出炊事员自己办食堂,俘虏的伙食标准相当于我志愿军团职以上干部的中灶伙食标准。为了照顾不同种族俘虏们的生活和风俗习惯,特地从中国买来面包烤箱;对信奉伊斯兰教的土耳其俘虏,还从中国运来了活牛羊。一年四季的衣服、被褥,以及日常生活用品,也都制订了标准,及时发放。

在志愿军战俘营,出现了许多新情况、新事物,战俘们的思想情绪活跃起来了。美军战俘们动不动就要搞选举,选什么? 选伙食管理员,选炊事员;成立书报阅览室,选书报管理员;组建俱乐部,选俱乐部委员和管理员,等等。总之,大大小小的事情都要选。一提到选举,美军战俘们就来劲儿,他们急忙活动,搞串联,拉选票,忙得不可开交,显得格外兴奋。

在志愿军俘管 5 团的一个俘管中队里,选举伙食委员的活动正准备进行,美、英战俘你一言、我一语,十分热闹。

"我们要把烹饪技术好、能为大家办事的人选出来当伙食委员。"一个美军战俘说。

"我们选举要公正、公平、公开,不能搞暗箱操作。"一个英国战俘说。

"你们美国人真是个选举迷!"另一个战俘说。

"我们要搞选举就要真选,不要用美元搞贿选啊!"一个黑人战俘开玩笑说,他的话引得战俘们哈哈大笑。

经过战俘中队的全体战俘投票选举,战俘中队的伙食管理委员

会诞生了,委员会由5人组成,随即举行了第一次伙食管理委员会会议,确定3条:

(1)战俘中队的伙食由选举产生的伙食管理委员会负责管理。

(2)按照俘管团、队规定的战俘伙食标准,由伙食管理委员会根据战俘不同的风俗习惯和口味,安排和调配每周的食谱。

(3)炊事员由战俘们推荐有烹调经验的战俘担任,当晚的晚餐加菜。

伙食管理委员会的选举情况、结果以及第一次会议的决议上报志愿军俘管5团领导,周政委很快予以批准。

晚餐开始了,战俘们有说有笑,情绪高涨。

这顿晚餐有炸鸡、炸鱼、卷心菜、沙拉,主食是烤面包。战俘们吃得津津有味。几个战俘情不自禁地同声赞道:"这顿饭,真好吃!"

俘管5团一战俘中队成立伙食管理委员会、战俘自办伙食的消息,迅即传遍了各俘管团、队,战俘们奔走相告,喜形于色。在各战俘团、队管理处的组织和部署下,各俘管团、队的几乎每一个中队,在几天之内,纷纷选举成立了伙食管理委员会。

随着战俘思想情绪的逐步稳定,物质生活的不断改善和提高,内容丰富、形式多样的文化娱乐活动广泛地开展了起来。

1951年5月,志愿军俘管处文艺工作队在碧潼宣告成立。起初有60多人,一年后,增加到120多人。它的主要任务是,为战俘演出各种文艺节目,指导与活跃战俘的文娱生活。

一台文艺晚会即将开始。

战俘们陆续从宿舍出来准备列队入场参加晚会。

"走!看《喜儿小姐》去!"战俘们互相招呼着,谈论着,他们把中国的歌剧《白毛女》叫作"喜儿小姐"。

演出场地很快坐满了参加晚会的人群,他们中有各国战俘,志愿军干部、战士,还有当地的老幼妇孺。

舞台前面,有用英文书写的剧情简介,扩音器里还有简要的英语解说,因而战俘们都听得懂,看得明白。

战俘们对这出歌剧反应强烈,纷纷质问:"为什么黄世仁、穆仁智要欺侮杨白劳和喜儿小姐?"

"杨白劳和喜儿完全可以去告他们(黄世仁和穆仁智)嘛!"还有的战俘发表议论说。

战俘们都憎恨黄世仁和穆仁智,同情杨白劳和喜儿。见到黄世仁和穆仁智出场,就大吼大叫,吹口哨,鼓倒掌,情绪激昂。

志愿军文艺工作队经常到各战俘团队巡回演出,演出过的节目不仅有《红绸舞》《大秧歌舞》《民族大团结》《腰鼓舞》《在战斗里成长》《白毛女》《兄妹开荒》《王大妈要和平》《二郎山》等中国的歌舞话剧,还有世界名曲《多瑙河之波》《蓝色多瑙河》等。

许多战俘观看了中国的文艺节目,大有"见所未见、闻所未闻"的感觉。

有的战俘说:"中国的歌曲感人,音乐动听,舞蹈很美。"

很多战俘头一次看到东方的腰鼓舞,觉得很新鲜,兴奋地说:"看了中国的文艺节目,真是大开眼界。"

战俘中不乏多才多艺者,英军战俘利兹、美军战俘伯尔·劳特,就是两个突出的例子。

利兹原是英国皇家"功勋团"的一名军士,他会拉小提琴,能歌善舞,还会表演戏剧、小品。

"利兹真是出尽了风头!"战俘们看到他在战俘自办的晚会上表演后夸赞说。

美俘劳特在志愿军战俘营文艺工作队的支持和帮助下,牵头组织了一个管弦乐队,经常在战俘团队的晚会上演出贝多芬、莫扎特等世界名曲,受到战俘们的欢迎。

由于志愿军战俘营文艺工作者的帮助和指导,各战俘团队的歌唱组、舞美组、文艺组、演出组等,纷纷涌现。俘管处从北京、沈阳、上海等地购置了许多乐器分发给战俘们的文娱组织,他们还自己动手制作了许多乐器。各俘管团、队经常举办演唱会、歌舞会、故事会,演出战俘自编自演的文艺节目。文化娱乐活动大大地活跃起来了,战俘们情绪高涨。

有的战俘感叹说:"没有想到,在中国人民志愿军战俘营里,生活越来越有意思了。"

还有的战俘说:"战俘营真像个俱乐部。"

4.战俘俱乐部纷纷成立

志愿军战俘营俱乐部在战俘们的期盼中诞生了。

各俘管团、队一共组建了31个俱乐部,在此基础上,成立了俱乐部委员会。

俱乐部委员会由正、副主席,以及分管生活、文娱、体育、图书、新闻、器材保管等委员组成,主席由志愿军俘管干部担任,副主席和委员从战俘中选举产生。

于是,战俘生活和活动的方方面面,都由这个战俘的群众性组织俱乐部委员会"统揽"了起来。它的主要工作内容就是在志愿军俘管处相关领导机构(如俘管处文娱科等)的指导下开展工作,具体地说,就是组织战俘们开展文化娱乐和体育活动,改善生活福利,及时反映战俘的意见和要求,等等。

有线广播喇叭里,传来了分别用中文和英文发的召开俱乐部代表会议的通知:

"各团队注意:兹定于5月19日至23日,在碧潼大会议室(平时兼做餐厅)召开俱乐部代表大会,望各团队俱乐部代表届时出席。"

在此以前,各俘管团、队已经投票选出了出席此次俱乐部代表大会的代表55人。此次会议的主要内容是,总结和交流俱乐部的经验,进一步加强与活跃俱乐部的工作。

这是一次重要的会议。志愿军俘管当局专门成立了俱乐部代表大会指导委员会,对会议进行指导。俘管处王央公主任亲自出席会议,并就国际形势、朝鲜战况、停战谈判、宽待政策、俱乐部工作、生活活动等问题,作了专题报告。

经过分组讨论和大会发言后,王央公主任又作了总结性的发言,解答了战俘们在讨论中提出的主要问题。

战俘俱乐部代表大会期间,伙食每餐都加菜;会议结束时,还举行会餐,像过节一般。

战俘代表普遍反映,代表大会开得很成功,气氛热烈,心情舒畅。代表们表示,返回团队后,一定要好好地传达会议精神,配合志愿军俘管处领导,做好各项工作。

战俘们纷纷写文章,畅谈感想。

美军战俘狄克生在他写的文章中,详细记述了俱乐部及俱乐部委员会组建的经过和活动情况。

英军战俘爱德华·G.贝克里在《俱乐部是如何组成的》一文中写道:"我们的俱乐部在日常生活中起了很大作用,这是朝鲜人民军和中国人民志愿军对战俘执行宽待政策的有效证明。"

5.《走向真理与和平》面世

战俘们的写作意愿逐渐浓厚起来,各俘管团、队、中队陆续办起了墙报,从而成了他们沟通信息、交流心得的写作园地。

墙报的主要内容有:世界新闻、朝鲜战况、战俘生活、读书心得、体育运动、生活常识,还有诗歌、故事、谜语等等,文章短小精悍,生动活泼。

但是,战俘们还希望能办一张内容更加翔实的定期刊物。

美国黑人战俘普雷斯顿·里奇向志愿军俘管干部建议说:"我们很想知道我们国家现在的情况,争取和平运动的情况,家乡、亲人的情况,还有体育运动、文化娱乐生活,等等。没有一张高规格的报刊,是无法容纳这些消息的。"

里奇是美国得克萨斯州人,30岁,原美国陆军第2师军士。1943年入伍,参加过第二次世界大战,1950年12月1日在朝鲜北部军隅里战斗中被志愿军俘获。他亲身感受到了在美国及在军中种族歧视的痛苦,而在志愿军战俘营里却恢复了人的权利和尊严。

以王央公主任为首的志愿军战俘营领导经过仔细地研究,认为

美军战俘里奇的建议是积极的,从技术上考虑,也是可行的,因而予以批准,并作出 3 项决定:

(1)支持战俘办报,并提供器材、设备、编报用房等必要的物质条件。

(2)编辑部工作人员 4 人,名单由战俘俱乐部委员会推荐和遴选,报俘管处领导批准。

(3)派两名志愿军翻译人员协助工作。

这个消息不胫而走,战俘们兴高采烈。这个报纸叫什么名字为好? 战俘们你一言、我一语,议论纷纷。后来不知是哪个战俘提出:"我们这个报纸就叫《Toward Truth And Peace》(《走向真理与和平》)吧!"

"OK!"战俘们一致表示赞成。

于是,报纸的名称有了——《走向真理与和平》。

编辑部工作人员的名单确定了:编辑,美军战俘普雷斯顿·里奇;美术编辑,英军战俘、原英国皇家第 29 旅骑兵队士兵罗纳尔德·柯克斯;打字员,菲律宾战俘艾米雷诺·巴赫;印刷装订、发行、通联为南朝鲜李承晚军战俘小金。

志愿军两名翻译到位了:清华大学机械系女毕业生朱永淑,外语学院出身的女翻译卢江。

"办一张报纸,谈何容易!"英俘柯克斯说。也许是因为没有办报经验,柯克斯在高兴之余,感到不知从何着手。

"困难当然是有的,万事开头难嘛!"美俘里奇说。

"有俘管处的支持,怕什么!"志愿军女翻译朱永淑说。

"当前重要的和需要优先考虑的问题是:迅速建立起通讯网,聘请一批特约撰稿人和通讯员,战俘们也会积极向编辑部投稿的。这样,稿源就有了保证。"朱永淑的意见得到了编辑的赞同。

经过编辑部紧张的筹划和工作,《走向真理与和平》创刊号于 1951 年冬天正式面世。

这是一个 16 开本的半月刊,由于战争环境的条件局限,该刊是打字油印的,篇幅则不受限制,1953 年 1 月 30 日出版的一期竟多达 65 页。

发行范围也不局限在战俘营内,它还传到了板门店停战谈判会场。许多访问过志愿军战俘营的中外新闻记者、国际组织的代表团、世界知名人士等,将这份战俘自办的刊物带到了世界各地,为世人所瞩目。

"朋友!你听说过战俘办报的事吗?你看到过战俘办的报刊吗?"凡是见过《走向真理与和平》的人莫不感到惊奇。

"战俘办报,这是世界战争史上的奇迹。"人们都感叹道。

世界和平运动理事会理事、英国妇女大会主席莫尼卡·费尔顿夫人访问志愿军战俘营后说:"中国人民志愿军能让战俘办报,证明中国军队是一支文明的军队、正义的军队。战俘们在报刊上表达的声音,同英国人民的声音一样,是要和平的。"

战俘们非常欢迎、非常重视这份由他们自己办的报刊,由于内容充实,观点鲜明,战俘们都争相阅览,并把它作为良师益友。

美军骑 1 师士兵白契勒说:"我在战俘营里逐渐弄懂了为什么要反对战争、争取和平的道理。只有全世界人民团结起来,反对战争,才能制止战争。我把中国人民志愿军当成了伟大的朋友。"

《走向真理与和平》曾刊登一个战俘的漫画,标题是"上帝的宠儿",漫画嘲讽了因连吃败仗而被美国总统杜鲁门解职的"联合国军"总司令、美国陆军上将麦克阿瑟。

被俘的美军第 24 师 19 联队士兵莫斐说:"麦克阿瑟曾告诉我们,(1950 年)圣诞节前要结束朝鲜战争,我们可以回家过圣诞节。他因连吃败仗被炒鱿鱼,他倒是回家去过圣诞节了,可是我们不知道什么时候才能回去过圣诞节!"他还说:"麦克阿瑟这个人就是好吹牛,爱扯谎!"

被俘的美军士兵特尔接着莫斐的话说:"谁相信麦克阿瑟的鬼话!"

《走向真理与和平》的稿件和战俘们写的文章被各国的新闻媒

体大量引述和转载,志愿军前线各对敌广播站也适时地选播其中有针对性的稿件。

《走向真理与和平》半月刊从创刊起,一直到《停战协定》签字完成它的历史使命,中间从未间断过。

6. 新的一天开始

战俘营在晨曦中,青山绿水,空气清新。

起床号声响起(碧潼俘管 5 团是用吹号做起床讯号的;其他俘管团、队有的吹号,有的敲打一小段铁轨作钟声。晚上 10 点就寝,既不吹号,也不敲钟,时间由战俘自己掌握)。

新的一天开始了。

战俘们从容不迫地盥洗完毕,吃过早餐,除事先通知集体活动之外,每个人都根据各自关注的事项和兴趣爱好,分头去参加活动。

在战俘营里,新闻与信息的传播、文化的交流、知识的获取,主要靠有线广播和报刊图书。

广播站的喇叭里响起了美国民歌《Home, Sweet Home》(可爱的家)《Green Green Grass Of Home》(故乡的青青草)等的乐曲声。

在广播喇叭附近,成群结队的战俘在聚精会神地倾听广播。

志愿军各俘管团、队都建立了有线广播室,由播音员定时用英语和朝语广播,内容很广泛,中国报道、国际新闻、朝鲜战况、停战谈判、文艺活动、体育赛事、战俘营动态、家乡信息、美国民歌、气象变化等等,这些项目都是战俘们所欢迎的,因此,听广播就成了许多战俘每天的重要事项之一。

俘管大队广播站的播音员由英文翻译周元敏担任。

1951 年,20 岁的周元敏在南京金陵女子大学念完一年级,她是著名的高层爱国民主人士张治中先生的外孙女、国民党爱国将领周嘉彬先生的女儿。在如火如荼的抗美援朝运动中,她毅然中止了自己的学业和优裕的家庭生活,积极报名参加中国人民志愿军,她被分配在志愿军俘管处第 2 大队担任翻译工作。

俘管 2 大队是美军军官战俘比较集中的一个单位,周元敏在她的岗位上兢兢业业,刻苦努力,工作很有成绩。她主持的广播节目颇受战俘们的欢迎,经常有美军战俘问她:"周翻译,请问今天有什么来自我们家乡的好消息?"

周元敏总是和气地回答说:"一会儿你收听广播吧!"

俘管处电影队有 2 台电影放映机、1 台柴油发电机、1 辆汽车,在各俘管团、队巡回放映电影,各俘管团、队大约每周可以看到一次。当时放映的主要是新闻纪录片,以及新中国成立前后的一些影片,如《一江春水向东流》《十字街头》《乌鸦与麻雀》《桥》等,也放映一些苏联的故事片。观看电影,这是战俘们的又一乐事。

书报阅览室也是颇受战俘欢迎的好去处。各俘管团、队、中队都设立了书报阅览室,书报管理员是从战俘中选出来的,归俱乐部管理委员会管理。每个书报阅览室约有英文图书 1 万多种,以世界名著居多,如高尔基的《母亲》、托尔斯泰的《战争与和平》、狄更斯的《双城记》《匹克威克外传》、巴尔扎克的《贝姨》《欧也妮·格朗台》,还有英文版的马列主义经典著作,以及中国的《红楼梦》《三国演义》《水浒传》,建国初期在上海出版发行的唯一的一份英文周刊《密勒氏评论报》等。

由于房舍的局限,书报阅览室常常是"人满为患"。因此,书报阅览室作出一条规定:所有书报,可以在书报阅览室阅读,也可以借出,定期归还。大家感到很高兴。战俘们的文化水平普遍较高,他们如饥似渴地阅读各种书报,许多人还认真做笔记。有些战俘还不时提出一些问题与同伴研讨,或向翻译教员请教。

志愿军救治美英伤病战俘

1. 医疗机构的建立和充实

对有伤、有病的战俘给予治疗,这是中国人民志愿军宽待俘虏政策的重要内容之一。在抗美援朝战争中,无论是在后方,或是在前线,志愿军对于放下武器的敌军官兵中的伤病战俘,总是本着救死扶伤的人道主义精神,尽一切可能给予及时的救治。

美、英伤病战俘中,有的是在火线上受伤,遭到自己部队遗弃的;有的是在战场上饥寒交加,冻伤饿病的;有的是不愿卖命送死,在战场上自创自伤的;还有的则是在被俘后从前方向后方转运途中,遭到美国飞机扫射追杀而被打伤的——这些美、英伤病战俘迫切需要医药治疗。

尽管战争环境极其恶劣,战场情况瞬息万变,志愿军战俘营管理处仍然克服了种种困难,从中国运来大量药物和医疗器械,调配医护人员,建立医疗机构,为美、英伤病战俘医伤治病。

志愿军战俘营的医疗卫生机构是 1950 年 12 月与碧潼战俘营同步建立起来的。

志愿军俘管处总医院设在碧潼,各俘管团、队设有分院。

总医院有 10 间房子,这是碧潼少有的没有被美军飞机炸毁的一个大院子,门口挂有用中文和英文写的"中国人民志愿军俘虏管理处总医院"的牌子。最初的条件较差,仅有 11 名医护人员和 1 名翻译,60 多张病床。

随着从前线送来的战俘不断增多,总医院不断得到扩充,条件也不断得到改善,1952 年时已有医护人员 152 人、朝鲜籍护理员 32人,病床达 110 多张。

总医院设有内科、外科、眼科、耳鼻喉科、口腔科、放射科、化验室、手术室、药局等,增添了许多设备器材,如万能手术台和无影灯、小型 X 光机及其他辅助诊疗设备。轻伤病战俘可就近在分院就医,重伤病战俘可在总医院住院治疗。

志愿军医护人员对伤病战俘的诊断治疗非常仔细,同时也是认真负责的。尽管是战争环境,志愿军战俘营总医院仍然采取了同正规医院相同的工作流程:收诊、诊断、下医嘱、写病程记录、会诊、发药、视察病房,等等。对生活不能自理的重伤病战俘给予特别护理,伙食有特餐特菜。住院治疗的伤病战俘在生活上都有额外照顾,他们的伙食标准比平时还高一些,经常可以吃到猪肉、牛肉、鸡肉、羊肉、蔬菜、水果和糖果;早餐有牛奶、面包,晚餐后有糖茶,每逢节日还另外加菜。1951 年感恩节时,总医院和各分院特地给住院的伤病战俘供应了五香鸡块、煎肉丸子、饼干、面包、蛋糕、苹果酱,以及其他食品,伤病战俘们深受感动。

中国红十字会派到朝鲜的国际医疗大队中的第七、第十两个医疗队近 200 人,先后到志愿军俘管处总医院和各俘管团、队的分院,为伤病战俘诊治疾病,大大充实了总医院的医护力量。医疗队中不乏医术精湛的专家、学者,解决了伤病战俘中的许多严重伤病和疑难重症,挽救了许多伤病战俘的生命,使他们起死回生,重返人间。

2. 重伤病战俘得到及时救治

志愿军医护人员以其精湛的医术和负责的态度,医治伤病战俘,出现了许多感人至深的事例。

一天夜里,被俘的一名美军上尉飞行员身负重伤,他被从前线送到志愿军战俘营总医院时,腮上还贯穿着一根枯树枝,生命垂危。

原来这名美军飞行员驾驶飞机对鸭绿江边的朝鲜民居进行狂轰滥炸时,被志愿军高射炮击中,他跳伞掉进燃烧着的树丛里,一根树枝贯穿了他的左右腮。

"树上卡着一个人!"一位志愿军战士发现这名美军飞行员时,这名美军飞行员的整个身子卡在树枝间,动弹不得。

"赶快去找一把钢锯来!"一位志愿军干部命令道。

志愿军战士们小心翼翼地将这名美军飞行员托起,用钢锯将树枝锯断后,立即将他送到了志愿军战俘营总医院。

"采取紧急措施,马上给这个美军飞行员动手术。"志愿军医生汤邦杰果断地对医护人员说。主刀医生汤邦杰是参加抗美援朝的浙江省医院外科主任,他为这个濒临死亡的美军飞行员取出了贯穿两腮的枯树枝,然后敷药包扎。手术非常成功。

这名战俘得救了,他很快恢复了健康。

另一名美军士兵被俘时身负重伤,他被一颗手榴弹炸伤双腿,4个脚趾已被炸掉,腿部还有大小弹片10多块。这名26岁、已有3个孩子的美军士兵被送到志愿军战俘营总医院时,伤情恶化,奄奄一息。

总医院的医护人员多次为他施行手术,取出所有弹片,保住了他的双腿,使他免受截肢之苦,志愿军军医用中国人的血液给他输血。

渐渐地,这名美军士兵可以不用拐杖站立起来,迈开脚步走路了,这个被俘的美军伤员完全恢复了健康。

在志愿军战俘营里,一名美军少校战俘双眼突感不适,不久几近失明。起先志愿军医生用西药为他治疗,未见好转。

"你是不是愿意用中国的针灸疗法进行治疗?"志愿军战俘营总医院的项医生征求他的意见说。

"……"这个美军少校战俘有些迟疑。

"OK!"但他还是同意了。

经过项医生的针灸治疗,这名战俘的双眼重见光明,亲眼目睹治疗经过的美军战俘们莫不惊叹:"奇迹,东方奇迹!"

志愿军黄远医生为英军战俘彼得·劳雷治病是无数的典型的

事例之一。

英军被俘人员彼得·劳雷从战场上刚刚被转送到志愿军战俘营，就患急性肺炎，高烧不退。当时劳雷所在的俘管 1 团仅有 10 支青霉素，志愿军军医黄远向战俘 1 团领导请示。

"你是志愿军的军医，救死扶伤是我们医务工作者的天职，你认为应该怎么办就怎么办！"志愿军俘管 1 团团长斩钉截铁地对黄远医生说。

"是！团长。"黄远医生遵照团长的指示精神，将 10 支青霉素全部用在了彼得·劳雷的身上。

经过志愿军医护人员的精心诊治和调理，彼得·劳雷逐渐恢复了健康。

另一名英军战俘帕亚克患急性阑尾炎，志愿军战俘营总医院的唐玉山军医为他做了切除手术，不久他就痊愈出院了。

帕亚克感慨地对志愿军医护人员说："要是在战场上得了急性阑尾炎，那就没命了。"

他说："我这条命是志愿军唐医生给的。我永远忘不了志愿军军医救了我的命，为我治好了阑尾炎。"

1951 年 1 月 24 日，在临津江的一次战斗中，被俘的英军士兵莫塞尔身受重伤，在志愿军战俘营总医院住院 8 个月，经志愿军医护人员细心治疗而痊愈出院。

莫塞尔极为感动地对战俘同伴说："我从来没有见过像中国军医这样仁慈的好医生！"

美、英战俘中许多人在第二次世界大战期间，曾经被日本军国主义者或是纳粹德国军队俘虏，亲身经历过非人道的悲惨生活；而在志愿军战俘营里，却受到了完全不同的人道主义的宽大待遇。两相对比，感慨万千。

美军准尉战俘墨尔库二战时当过日本军队的俘虏，他说："我在日本军队的战俘营里待了 3 年半，吃不饱，穿不暖，还要服苦役，受尽了折磨。如果生病，根本得不到治疗，只有等死。有的战俘气还未断,就被拖出去活埋了。"

墨尔库说:"我在朝鲜战场上当了中国人民志愿军的俘虏,生命有了保障,人格上受到尊重,有病能及时得到治疗。志愿军与我们战俘们同甘共苦,而在生活上还给予我们种种优待。"

3.康复的战俘写信写文章畅叙感怀

受到志愿军医护人员救治的美、英等军伤病战俘们把志愿军称为"救命恩人""伟大的朋友",他们恢复健康后纷纷写信向志愿军医护人员表示深深的谢意。许多战俘在战俘营的墙报上发表文章,畅谈感想,或者是给自己的亲友写信,述说自己受到志愿军医护人员精心治疗、身体已经康复的详细情况。

受伤的美军被俘人员克莱文奇写道:"经过志愿军医生的治疗,我完全恢复了健康。以前我被告知,被志愿军俘虏后要受虐待,要砍头,事实完全不是这样。"

美军战俘瓦格纳写道:"几位志愿军医生给我会诊,确诊我患的是肺结核,他们对我的关心照顾比我自己还要周到。我住院后体重从95磅增加到130磅,不仅体力增强,精神也愉快。"

美军战俘洛夫乔伊写道:"我们永远不会忘记志愿军的杨医生,我要特别感谢他和护士们;还有一位我说不上名字的医生,他每天都要来看我们四五次,我们都把他当成我们的父亲。"

美军战俘迪伦写道:"这里的医生、护士工作很出色。他们日夜值班,任何时候都乐意帮助伤病员。护士们在料理完伤病号的事情后,还打扫房间卫生,给我们的衣服、被褥消毒。我衷心地感谢中国人民志愿军和志愿军的医护人员。"

英军战俘威廉姆斯写道:"我和另外6个战俘伤员都得到了及时的治疗,我们受到了与志愿军伤员一样的关照,现在我竟然可以踢足球了。"

美军被俘人员纽尔·西瓦尔和另外8名战俘一起联合写了一封感谢信给志愿军战俘营的所有医护人员,信中说:"我们刚被中国人民志愿军俘虏时,不知道宽待政策是什么意思。我们在志愿军战俘营没有被看作是敌人,而是朋友。我们在志愿军战俘营医院受到的待遇,好像我们就是你们的亲人。我们从心底里感谢你们为我们所做的一切。"

家书抵万金

1. 美军战俘摩斯:"我想给母亲写封信"

"烽火连三月,家书抵万金。"这是我国唐代诗人杜甫于公元757年3月在题为"春望"一诗中的著名诗句。当时国家遭逢安禄山、史思明叛乱,诗人一家流离失所,互相不通音讯,痛楚万分。

美国在侵朝战争中,驱使其官兵远涉重洋,来到朝鲜卖命,大量美军官兵侥幸没有在战场上被打死,当了中国人民志愿军的俘虏,受到了志愿军的宽大待遇。

两者所处的历史与时代背景不同,情况与性质各异,但有一点,即因为战乱造成骨肉分离、音信阻隔的痛苦,却是相同的。

"我想给母亲写封信,是否可以?我想告诉母亲我在这里的生活情况。如果母亲看到我的信,知道我还活着,不知道她会高兴成什么样子!"有一天,美军战俘摩斯找到志愿军袁翻译问道。

"这件事,我们可以给你提供帮助。"袁翻译肯定地回答说。

摩斯听了非常感动,连声道谢。

志愿军俘管5团政委周柏生将美军战俘摩斯的要求向俘管处主任王央公作了汇报。

王央公主任说:"这不仅是一个美军战俘的要求,也是战俘们的普遍愿望。"

他说:"我们通过火线释放俘虏,将战俘们给亲友的信带出去,这样的事早就有了。"

王央公说:"我们还可多开辟一些渠道,为战俘同其亲友沟通联系提供帮助和方便。比如：

（1）同北京的中国人民保卫世界和平委员会商量，为战俘们同其亲友转递信件；

（2）报请我方开城停战谈判代表团，将战俘们的信件交由美方停战谈判代表团，转给战俘们在国内的亲属；

（3）委托访问战俘营的各个国际组织的代表团、外国新闻记者和各国知名人士等，将战俘们给其亲友的信件带出去转寄；

（4）由志愿军前线对敌广播站将战俘们的信件进行广播，让前线美、英军官兵听到后向其亲友转达；

（5）还可同北京的中央人民广播电台联合开辟一个节目，就叫'战俘空中呼叫'吧，专门播出战俘们的信件录音，等等。"

他说："可以预期，我们坚持这样做，假以时日，是会取得积极效果的。"

王央公主任进一步说："关于战俘同其国内亲友通信联系的事，正式向上级领导机关提出报告。在俘管处，则由登记科和文娱科共同负责承办。给战俘们发钢笔、信纸、信封，供他们写信之用，可在每个战俘中队设一个信筒，并向战俘们宣布，信写好后，不必贴邮票，由俘管处设法转寄出去。"

参加汇报会的还有：俘管处副主任郭铁、席一，秘书科科长邵维杰，登记科科长刘承汉，文娱科负责人李正凌，新闻科科长田志洪等。

志愿军政治部主任杜平批准了俘管处关于向战俘同其亲友通信提供帮助和便利的报告。

我方停战谈判代表团领导人李克农和乔冠华很支持这件事，派人员在谈判代表团内设立"战俘信件小组"，组长是：杨良保，组员有：余光鲁、向佩英、王永华、贺德荣。

1951 年圣诞节和 1952 年新年的前夕，为了给战俘及其亲属增添一份节日的惊喜，志愿军方面将战俘们给其亲友的信件 1783 封，分两批交给了美方停战谈判代表团。

2. "荒唐至极"的"国际玩笑"

作为回应,美方也急匆匆地将朝、中被俘人员的一批信件交给了志愿军方面。

天晓得,美方交来的是一批什么样的信啊!

朝中停战谈判代表团"战俘信件小组"向谈判代表团领导和志愿军政治部领导作了如下的汇报:

"志愿军被俘人员写的信只有43封,而且都是用印好的32开卡片写的。信的内容大同小异,大部分只有'庆祝圣诞,我很好'7个字。众所周知,中国人是不过圣诞节的。从这些卡片的字迹来看,除了五六张以外,其余都是4种相同的铅笔字迹写的,其中有一种字迹就代写了13张,有3张卡片的发信人的名字,竟是先用英文拼音然后再译成汉字的。许多收信人的地址含糊不清,其中有11张是寄到城市里去的,但卡片上不仅没有门牌号码,就是街名也大致相同。不外是什么'东大街''西大街''十字街'之类;有一张收信人住址为北京的卡片上,还出现了一个根本没有的街名'极权街'。至于收信人,有什么赵老汉、张老三,还有《水浒传》上的潘金莲等捏造的人名。"

(以上汇报,后来由志愿军政治部主任杜平收录到了他的回忆录《在志愿军总部》一书中。)

我方谈判代表团领导人李克农对于美方这种弄虚作假的行径斥之为"荒唐至极",乔冠华则嘲讽为"国际玩笑"。实际上,美方这种"荒唐至极"的"国际玩笑",远不止这一件。

3. 一封未被扣下的信揭露美方虐俘真相

志愿军停战谈判代表团的老战友卓华明同志给笔者看过一封信,这封信是一位志愿军被俘人员在美军战俘营写的。信的书写者千方百计地将信夹在美方交给我方的43封志愿军被俘人员的信件中,显然没有被美方及其特务分子察觉,才没有扣下。这封信有力地揭露了美方的虚假做法,以及志愿军被俘人员在美军战俘营遭受虐待的真相,同美方编造的43封信件形成了鲜明的对照。信的全文如下:

　　母亲大人万福金安。敬禀者:

　　　　男因抗美援朝以来,不幸负伤,右臂打伤,当了美军的俘虏,拘留在层层铁丝网"受优待"。在美军医院,每天吃的都是3种粮食,大米、大麦、小麦,一日3餐,用的美式铁碗,过着西洋生活。开饭排队,用碗粮(量)着,在医院也不知怎样看法,要抽血检查,共抽血4次。为不愿出院,被南朝鲜坏蛋扣押起来,挨了几次棒子,结果又被送到中国坏蛋手里,更进一步受到迫害,挨打受骂,指定在一定的地方,整天像泥人一样,话不敢说,走路也有路线,所受的痛苦一言难尽,受不到的苦也已受到。尤其在4月8号美军当局向我们广播,愿回国的回国。可是坏蛋们不知从何处弄来的刀子就进行威胁,谁说回国两字,就打死、割肉、挖心。有的被打断筋骨,有好多已被打死。幸而我是残废,冒着危险逃出。自那天出来,只想早日回家。不知怎么一回事,以至到现在孩儿虽脱离灾难,在美军管理之下,想是有性命保障,不料更进入同样的凶险,没有半点自由,关在20多公尺范围,岗哨有岗楼,架着机关枪,要是一不注意,冒犯当局就开枪射击,毒瓦斯,或集体罚劳工、扣粮、扣水。天气严寒,穿衣非常单薄,只有旧单衣一套,直到今年10月才发单衣几件。请老母亲不要难过,现在我还有一条命在,可是能否回去不敢说。孩儿每天只盼能吃顿饱饭,再就是盼回国。每晚睡在梦中,就像吃了饱饭,见了母亲,欢喜非常。但醒来还在受苦,真是泪似雨下,湿透枕边和衣襟。因纸有限,不多写了,祝全家老少平安!

　　　　　　　　　　　　　　　　　　　　男李兰贵敬启

美方交换战俘信件中,除了搞那种"荒唐至极"的"国际玩笑"之外,还不断地搞小动作。志愿军俘管处总部登记科的翻译干部是最了解情况的,女翻译傅伍仪说:"美方的这种小动作不断花样翻新,陆续发现,美方通过各种渠道给美英战俘转来的信件中夹带有欺骗性的宣传品、反动传单、战俘本人并不相识的女人骚首弄姿的照片、不堪入目的色情图片,甚至还发现有带恐吓性的字条,威胁战俘不要在志愿军战俘营中表现积极,等等,等等。美方这样做的目的,当然是不言自明的。"

登记科的女翻译周缮群反映了另一种情况:有些战俘亲属在给战俘的信件中放一两张 5 美元、10 美元、20 美元的小额钞票,或在信中放几张剃须刀片、口香糖或其他小食品,也有的妻子或女友在给被俘的丈夫或情人的信中放一小卷头发,以表示对亲人的关心和思念之情,这是不同性质的另一回事。

1952 年 10 月 15 日,各俘管团、队、中队的板报栏里,均贴出了志愿军俘管处的一项布告,有线广播里也反复广播:

"由于朝、中方面同美方关于交换战俘信件的协议仅限于交换信件,凡信中附有信件之外的任何物品都是违反双方协议的,应予禁止。

"另:俘管处均发有日用必需品,没有必要再要亲属寄来零星物品,也劝说亲属不要主动这样做,尤其不要在信里夹寄美元现钞,以免丢失,在战俘营里也没有需要用钱的地方。"

这些规定在战俘中宣布后,战俘们均表示理解,并且愿意配合。

有的战俘在信中发现有反动传单、黄色图片等类物品,主动交给了俘管干部或翻译。

4.战俘营的文化补习班

美、英战俘文化水平普遍较高,绝大多数人都能自己写信。仅有少数人属文盲或半文盲,他们眼看着别人给家里写信而自己不能写,干着急,美军黑人战俘杰恩因为不能给母亲写信而急得直哭。

俘管处有鉴于此,决定给他们办文化补习班。因此,出现了这样有趣的现象:以中文为母语的志愿军英文翻译,教说英语的美军战俘学习写英文。这样经过一段时间的学习,取得了较好的效果。这些战俘极为高兴,逢人就说:"我们识字了,也可以给家里写信了。"

战俘杰恩给他母亲写了一封长信。他对战俘同伴说:"妈妈看到我可以看书写信了,她一定会很高兴的。"

5."发信啰!"

战俘营的扩音器里响起了《Home,Sweet Home》(《可爱的家》)、《Oh！Susanna》(《哦！苏珊娜》)及其他欢快的音乐声。

一位俘管干部手里提着装满信件的筐子,来到一个战俘中队宿舍外,站在一处高地上大声喊道:"发信啰!"

这是期待的时刻! 这是欢乐的时刻! 这是激动人心的时刻!

一大群战俘汇集在俘管干部的周围,盼望着呼叫自己的名字。

许多战俘得到父母妻儿及其他亲友的信件后,极为兴奋,有的奔走相告,有的当众宣读,或是给大家传阅,有的人甚至于将亲友的来信和照片张贴在墙上,让战俘同伴们观看,分享自己的喜悦。

许多战俘亲友的来信,情真意切,生动感人。

纽约市一位母亲写信给被俘的儿子布朗说:"对给你照顾、让你与亲人通信联系的当局,我不知道该用什么话来表达我的感激之情,这里的人和我一样都很感激他们。"她还写道:"我确信他们是按《日内瓦公约》来待你的,你的照片在《纽约时报》登出后,我看到了证据。"

一名美军战俘的父亲给他儿子来信说:"希望所有的孩子们快回来告诉大家,报纸上骂中国人民志愿军待你们不好,都是错误的。"

美俘狄斯尼的妻子给他的信说:"我从内心深处永远感谢中国

人对你的真情照顾。"

另一个美俘的妻子来信说:"最好希望中国人把你们送到停战谈判会上去证明,你们是得到宽待的,以揭破他们的谎言。"

美军战俘史密斯的父母接到他的信后,来信说:"知道你还活着,而且受到了很好的照顾,我们太高兴了……中国人能让你写信,说明他们并不像这里所宣传的那般。"

美俘汉米尔顿的父亲给他的信说:"我很高兴他们待你很好,有暖和的衣服,也有很暖和的房子给你们住,你应很好地报答他们。"

美国宾夕法尼亚州一位老太太给中国人民保卫世界和平委员会写信,请求帮助查找她的孙子。她的信说:"我写信给你们,是想问一下,查尔斯·伯纳德是否平安? 他可否给我来信? 我可否给他写信? 我非常疼爱他,他是我的孙子。我上了年纪,想收到他的信。"

战俘们能够同其亲属进行通信联系,这件事在战俘中,在其亲属间,在全世界许多国家,产生了强烈的反响。

美军战俘詹姆斯给他女友写信袒露心声说:"我被俘时,对中国人民志愿军的态度是敌对的,因为军方告诉我们,当了俘虏,要受虐待。事实恰恰相反。经过在战俘营的生活体验,志愿军对战俘执行人道主义的政策。我们没有被当作敌人,而是被当作朋友。"他还写道:"是志愿军给了我生活的信心,使我由精神不振到积极参加文娱体育活动。我想把身体锻炼得棒棒的,还要学东方文化。到咱们见面时,让你看看我的变化,你会大吃一惊的!"

英国的《约克郡晚报》1952 年 8 月 9 日报道,英国战俘利兹的母亲奥温太太看到她儿子的照片后,抑制不住自己的感情,放声大哭,她对该报记者说:"我从照片上看到儿子的模样,高兴极了。他过去写给我的信说一切都好,我总是不相信,认为是安慰我的话;但从照片看,还真是这样,我心头的压力就没有了。"

英军战俘麦克尔接到母亲来信后,对同伴说:"我妈妈在信中说,英国人自发地组织起来上街游行,要求美国政府停止朝鲜战争,让他们的儿子、丈夫、兄弟早日回家,我妈妈也参加了这样的游行。妈妈说,'我要儿子,不要战争!'"

美军战俘拉夫斯·道格拉斯联络同中队的 114 名战俘同伴,给中国人民保卫世界和平委员会写信表示感谢。信中说:"我们感谢你们为我们所爱的人之间传递信件,感谢北京的广播电台使我们能同家乡亲友谈话。"联名信坚定地表示:"我们反对战争,拥护和平!"

6. 王玉瑞同志为转送战俘信件壮烈牺牲

为了美、英战俘同其亲友间的通信联系,替他们转递信件,志愿军曾付出血的代价。

在抗美援朝战争中,志愿军敌军工作人员、俘管干部和外文翻译,历尽艰险,大多平安,唯独有一位干部在执行任务途中牺牲了,他就是中国人民志愿军碧潼俘虏管理处的干事王玉瑞。

在碧潼志愿军俘管处的操场上,一场战地追悼会正在举行。

追悼会会场庄严肃穆,追悼会的前台上方悬挂着"王玉瑞烈士追悼大会"横幅。王玉瑞烈士遗像的周围用苍松翠柏护卫着,摆放在前台的正中。台前摆满了志愿军领导机关、俘管处领导,以及相关单位送的挽联和花圈。俘管处机关和俘管 5 团的干部、战士和战友们在台前席地而坐,陷入深深的怀念和悲痛之中。

王玉瑞,山西省离石县人。1950 年底参加抗美援朝,在志愿军碧潼俘管处任干事。他办事认真负责,热情诚恳,心胸开朗,充满乐观主义情绪。他在紧张的工作之余,常常和同志们海阔天空地谈天说地,讲朝鲜战场上的战斗故事。

故事之一:志愿军部队在一次冬季的战斗中,遭到敌军密集的机枪火力猛烈射击。志愿军部队将敌人的机枪阵地一个个摧毁了,唯独还有一挺机枪不时从工事里向外喷吐火舌。部队指挥员当即派出两名战士,迂回地爬到敌人工事后面,往里一看,原来一个美国兵躺在睡袋里,手里握着一根绳子,绳子的另一端系在机枪的扳机上,这个美国兵不时拉动绳子扣扳机射击。于是,两位志愿军战士轻而易举地从睡袋里活捉了那个美国机枪手。

故事之二:经过连续 5 次战役,美国侵略军从鸭绿江边不断往南败退,战线基本上沿"三八线"稳定下来。但是,美方并不甘心它在战场上的失败,在板门店停战谈判中,处处设置障碍,从而使得停战谈判经常陷入僵局。在这样的情况下,志愿军部队为了继续不断地打击敌人,开展了冷枪杀敌练兵运动。敌军人员不能总是龟缩在工事地堡里,他们总要出来活动,找水喝,拉屎撒尿,搬运补给品。只要敌人一露头,志愿军战士就开枪。神枪手们真正做到了每枪命中,弹无虚发。有一位志愿军战士,在一个月的时间里,用 200 多发子弹,打死了 200 多个敌人,基本上是一枪一个,因而被誉为"狙击英雄"。

这些传奇式的故事曾经广为流传,它们从一个侧面反映了美国侵略军"纸老虎"的虚弱本质,它不是不可战胜的,同时也鼓舞了志愿军干部战士勇猛打击敌人、战胜敌人的信心和决心。战友们每每提到这些故事,就想起了王玉瑞同志。

在追悼会上,志愿军俘管处王央公主任在致悼词中详述了王玉瑞烈士的光荣历史和事迹后说:"在志愿军俘管处,王玉瑞同志的任务之一就是负责接收、分发和转送战俘们的信件。1952 年 6 月 24 日,王玉瑞同志奉命携带大批美、英俘虏的家信,乘一辆吉普车从碧潼出发前往板门店,交由我方停战谈判代表团转交美方停战谈判代表团。车行至沙里院时,遭遇美军飞机轰炸扫射,王玉瑞同志当场牺牲,年仅 27 岁。车上装载的美、英战俘给其国内亲人的所有信件,也都被美军飞机炸毁。王玉瑞同志为了忠实地执行中国人民志愿军宽待俘虏的政策,为了美、英战俘同其亲人的通信联系,为了中、朝两国人民同美、英及世界各国人民的友谊,为了世界和平与正义的事业,光荣地献出了年轻的生命。我们为有这样英勇、坚强的同志和战友而感到骄傲,我们将永远怀念王玉瑞同志!"

别开生面的战俘"奥运会"

1. 一场篮球比赛在进行中

在篮球场上,由志愿军俘管处主任王央公、科长王奈庆等参加的俘管干部队,同战俘代表队的一场篮球比赛正在进行中。篮球场的四周挤满了观看比赛的志愿军干部、战士,以及美、英战俘,几支啦啦队不断地给比赛的双方呐喊、鼓掌助威,场面紧张而热烈。

像这样的比赛是经常进行的。

在志愿军俘管处的支持和鼓励下,战俘们的体育活动开展得有声有色。主管文体活动的领导单位给每个战俘团、队、中队都购置了大量的体育器械,战俘们也自制了一些。战俘营总共修建了 82 个篮球、排球、足球等运动场地,战俘们可在规定的作息时间内参加各种体育活动,俱乐部委员会经常组织战俘进行篮球、足球、排球、乒乓球、橄榄球、网球、拔河、棋类等的友谊比赛和小型运动会。夏季,战俘们可到鸭绿江游泳,在江边垂钓;冬天,可在江面滑冰、打冰球。

战俘们进行这些室外活动时,没有武装哨兵跟踪监视。只要符合规定,安全有保障,就不会受限制。

2. 俘管领导决定举办一次大型运动会

战俘俱乐部委员会根据各俘管团、队战俘们的意见和要求,向俘管领导建议,举行一次由各俘管团、队运动员代表队参加的大型运动会。

志愿军战俘营王央公主任就此事征询领导层以及俘管 5 团周柏

生政委、负责文体活动的李正凌等的意见,大家一致认为,战俘的物质生活条件大为改善,群众性的文化娱乐和体育活动广泛开展,加以美国空军飞机的袭扰已被遏制,安全有了保障,已经具备了举办一次大型运动会的条件。因此,王央公主任决定,批准在俘管5团驻地碧潼举办一次大型的战俘运动会,时间定在1952年11月15日至27日。

运动会的筹备机构迅速成立,筹备委员会由俘管干部以及对体育运动赛事有经验的战俘组成,筹委会会议确定了以下事项:

关于运动会的名称,这是筹委会开会讨论时首先碰到的一个问题。一个战俘说:"叫'碧潼运动会'吧!"另一个战俘建议:"叫'战俘运动会'!"

美国黑人战俘普雷斯顿·里奇头脑灵,点子多,他提议:"这次运动会将有10多个国家的战俘运动员代表参加,像一个大型的国际盛会,就叫作'中国人民志愿军碧潼战俘营奥林匹克运动会'吧!"

与会者一致鼓掌赞成。于是运动会的名称就这样定下后,报告志愿军俘管处领导层批准了。

3.成立后勤、竞赛、裁判、秘书4个组,分工负责进行筹备。

经过近两个月的精心筹备,一切已都就绪,运动会如期举行。5个俘管团、两个俘管队均选出了运动员代表队,14个国家的战俘运动员代表共500多人参加,一切均按照国际奥林匹克运动会的模式进行。

这是一次史无前例的运动会,一次特殊的运动会,也是一次别开生面的运动会。

运动大会主会场设在碧潼中学操场。由松柏装饰起来的巨大彩门上方,悬挂着运动大会会徽,上面是一只展翅欲飞的和平鸽,下方是一块中、朝、英文书写的"和平之门"巨匾,主席台上方挂着"中国人民志愿军碧潼战俘营奥林匹克运动会"横幅,"运动会是通向友谊之路""和平是人们共同的目标"等巨幅标语在会场上高高挂起。

碧潼城里,无数彩旗迎风招展,人们喜气洋洋,恰似盛大的节日一般。

4.奥林匹克五环旗冉冉升起

运动大会会场上奏起了《友谊进行曲》《保卫世界和平》等乐曲。

运动大会隆重开幕,大会主席团主席由志愿军俘管处王央公主任亲自担任。在《运动员进行曲》的乐曲声中,运动员、裁判员列队入场。

美军战俘小威利斯·斯通手持火把,跑步进入会场,将火把呈交大会主席。大会主席点燃了主席台上的火炬,奥林匹克五环旗在运动场上冉冉升起。

王央公主席致辞说:"为了体育运动的发展,为了有一个幸福和安全的环境,和平是必须的和最基本的,未来终将属于和平。"他预祝大家把运动会开成一个增强体质、增进友谊、拥护和平的大会,祝大家赛得愉快,赛出好成绩。

随后,运动员、裁判员举行了宣誓仪式。

开幕式结束,各项比赛正式开始。

运动大会共进行了田径、球类、体操、拳击、摔跤、拔河等 27 个项目的比赛。

水上运动项目由于没有游泳池等设施,未能举行。

参加篮球、排球、足球、垒球、橄榄球等项目比赛的运动员有 359 人,其中以美军战俘居多,比赛场上的表现最为突出。裁判员、计时员、发令员有 29 人。

参加文娱节目演出的战俘有 202 人,由 26 人组成的战俘啦啦队不停地敲锣打鼓,为战俘运动员呐喊加油。

经过 12 天激烈的角逐,战俘运动员们在田径、球类、拳击、摔跤等项目的比赛中,许多人都取得了很好的成绩。

战俘 5 团获团体总分优胜第一名,战俘 1 团获第二名,战俘 3 团获第三名。

个人总分第一名为德尔玛·G.米勒,他获得了全能冠军,并获得了障碍赛冠军、撑竿跳高第一名,因而又称"双料冠军"。雅克·W.博普雷高兴地当场把他背了起来,劳伦斯·P.达姆斯和格伦·D.哈蒙德2人从两侧相助,他们戏说:"这就是我们给予米勒的'冠军待遇'。"

个人总分第二名为诺曼·克拉夫德,他获得了全能第二名、套袋跑第一名、100米跑亚军、跳远第三名,他还是战俘营中橄榄球队的教练和队长。

个人总分第三名为安东尼·P.伊格尔斯,他获得了全能第三名、跳远冠军、400米跑冠军。

战俘1团代表队夺得了篮球赛的冠军。

5.运动场上两个引人注目的人

在运动场上,有一个引人注目的人物,他不是运动员,却在运动场上十分活跃,他就是被俘的美军陆战1师的随军上尉摄影记者、美联社的弗兰克·诺尔。

经过特别批准,志愿军俘管处新闻科成立了一个3人报道组。诺尔作为报道组的一员,带着照相机,以他娴熟的摄影技术,活跃在运动场上,大显身手。

诺尔拍摄的许多精彩镜头,通过板门店停战谈判渠道及其他途径,交给美联社,转发美、英等许多国家,在新闻媒体发表后,引起了很大的轰动。人们惊奇地说:"战俘营举办这样规模的运动会,是个创举。"有关中国人民志愿军"虐待俘虏"的不实宣传,又一次被揭破。

在运动会期间,另一个引人注目的人,就是志愿军战俘营里战俘们自己办的刊物《走向真理与和平》的主编、美军战俘普雷斯顿·里奇。他参加了运动大会的采访,进行了大量报道。在运动会结束时,他撰写了一篇题为"战俘营的奥林匹克运动会"的综合性报道,刊登在《走向真理与和平》上。报道如下:

"闻所未闻的事正在发生……这是艾伯特·G.贝奥西姆中士发出的欢呼,他所指的就是在北朝鲜志愿军各战俘营的战俘们参加的战俘营奥林匹克运动大会。此时此刻,这些奥林匹克运动项目的举行,真可谓在世界战争史上史无前例!

"整个比赛是从1952年11月15日到27日举行的。开幕式那天,鸭绿江畔的碧潼运动场上彩旗迎风招展,500名运动员进行了入场式游行,四周观看的人们纵情地向他们欢呼友谊。这座小小的山城,处处张灯结彩,搭起了拱门,街道上拥挤的人群欢声笑语不断。

"游行队伍中,有美国人、英国人、澳大利亚人、加拿大人、土耳其人、法国人、南朝鲜人、荷兰人、希腊人和波多黎各人等,他们的姓名也各种各样——这真是一次国际性的运动大会。

"所有运动员都是从各战俘营预赛的获胜者中挑选出来的。各战俘营常年举行各项比赛活动,现在他们都聚集在这个高山之间的幽静山谷里,升起'奥林匹克'会旗,背诵'奥林匹克'誓词,紧接着展示力量与技巧的各项比赛就开始了。

"比赛项目有田径、足球、橄榄球、棒球、排球、篮球等,还有拳击、摔跤和体操。经过一轮轮预赛、淘汰,最后决出各项冠军,许多项目都取得了优异的成绩。

所有项目的冠军都不是轻而易举就可取得的,从激烈的竞赛中,可看出运动员的身体素质和技术水平都是很高的。

"英国的贝尔·史密斯说:'中国人民志愿军和朝鲜人民军给予我们的合作,真是太好了。不管我们要求什么,都可得到满足。尽管有人吹嘘说这个国家的运输完全瘫痪了,但是运动会的设备却都是崭新的,全是由中国运来的。'"

6. 运动大会充满激情、和谐、欢乐

比赛结束时,举行了隆重的颁奖仪式,奖品都是从北京、上海、沈阳等地采购的景泰蓝花瓶、丝质伞、檀香木扇子、玉石项链、丝巾、手帕,以及其他的手工艺品。这些奖品总共花费了6亿元旧人民币,

约合新人民币 6 万元。每个优胜者都得到了奖品,每个参赛的运动员也都得到了一份纪念品和一枚纪念章。

颁奖时,战俘们情绪高涨,处处都是欢声笑语,歌声、呐喊声此起彼伏,一浪接着一浪。有的获奖运动员在领奖时激动地高呼:"中国人民志愿军万岁!""毛主席万岁!"

诺曼·克拉夫德和他的好友、英国人乔治·E.格林领到奖品后,当场撑起他们各自获得的精美奖品——丝绸遮阳伞,在运动场上来回展示,格外兴奋。

运动大会期间,有 7 个晚上志愿军战俘营文工队及战俘文艺组演出了精彩的文艺节目,有 5 个晚上放映电影,美军战俘还演出了话剧《金色的男孩儿》,英军战俘演出了话剧《哈特雷的假日》。

伙食也调剂得好,运动员们吃得香,睡得足。大会期间,每天会餐一次,一日 3 餐都是由战俘们推选出的厨师自己烹调的。战俘巴贝·R.狄格罗给板报投稿写道:"我们吃的有炸鸡、炸鱼、卷心菜、火腿、色拉、肉包、水果等,还有白酒和啤酒。"

整个运动大会自始至终,从制订计划、组织竞赛、比赛裁判,到新闻报道,都是战俘们自主办理的,志愿军战俘营工作人员为运动大会提供全面服务和充分协助。

运动大会的闭幕式是在激动、热烈、和谐、友好和欢乐的气氛中进行的。许多战俘抑制不住内心的激动,争相登上主席台发表热情洋溢的讲话。战俘们普遍认为,志愿军战俘营举办这样盛大的运动会,是"前所未有的创举",这次运动会"将载入史册,令人永生难忘"。

俘管 5 团一名美军战俘深有感触地说:"任何国家、任何时候,从来没有举办过这样好的战俘运动会,我们几乎忘记了自己是战俘。"

一名美军中校战俘说:"以前我们总以为社会主义(国家)是没有自由的,可从这次运动会上,我们看到的是充分的自由。不同的国家、不同肤色的人们,没有成见地在一起竞赛,我确信,中、美两国是可以友好相处的。"

美军战俘克莱伦斯·B.康文顿说:"这次运动大会是争取和平与美好未来的一种真诚友谊的体现。"

美军战俘理查德·A.皮特逊说:"在被战争严重破坏的朝鲜,举办这样的奥林匹克运动会,会被当作所有国家、民族可以和平共处的见证,永远留在人们的记忆中。"

美军战俘威廉·A.康姆顿在运动会闭幕式的主席台上高声朗诵了他的即兴诗句:

> 为了什么,究竟为了什么,
> 战争依然还在打个不停?
> 为了什么,究竟为了什么,
> 世界的今天,
> 还不见和谐战胜?

许多战俘给家乡亲友写信,告知运动大会的盛况。

战俘德尔玛·G.米勒给他母亲的信说:"我在志愿军战俘营参加了有十几个国家运动员参加的运动会,这是世界上从来没有过的事。我得了障碍赛冠军、撑竿跳高第一名,得了全能冠军,我在这里出尽了风头。你们一定会为我高兴的。我得的都是中国精美的手工艺品,我非常喜欢。我回去时将送给你们,让你们分享我的荣誉。"

俘管 5 团的 84 名战俘联名写了 36 封信,给美、英等国的新闻媒体和社会团体,呼吁和平,制止战争。中外媒体对这次运动会作了大量报道,影响传遍全世界。

战俘"奥运会"的成功举办和胜利结束,使战俘们兴奋不已。许多战俘都拿起笔,写文章、诗歌或感言,抒发自己的感怀,向战俘营的报纸或墙报投稿,收录在纪念册中的 26 篇报道、文章和诗歌,异口同声地赞扬这次运动会开得好,史无前例。

比利·J.莱斯曼以"史无前例"为题撰文说:"作为一名战俘,能参加 1952 年的战俘营奥运会,我感到非常愉快。战俘营被允许举办真正意义上的营际奥运会,这在历史上是第一次。"

肯尼迪·L.西尔科写的感言题目是"感觉真好"。他写道:"我刚到碧潼战俘营的时候,无论如何也没有想到在这里参加各种项目的比赛,我感到非常惊讶。我天天微笑着入梦,微笑着醒来。"他写道:"我感到我又回到幸福的世界了,我感觉非常好。我怀抱着对中国人民志愿军的无限感激,我将永远记住他们是如何善待我们的。"

艾伯特·G.贝洛姆在题为"奥运主题"的文章中写道:"碧潼,在这里我们以营际战俘奥运会的形式改变了历史,在人类历史上这是第一次。这次大型的国际比赛是在饱受战争摧残的国家朝鲜举行的,然而,就在这里,在鸭绿江畔,在崇山峻岭之下,来自各国的人们举行了自己的奥运会。但头顶上飞机仍在盘旋,这个国家还在进行着战争。"他还写道:"在北朝鲜举行的战俘奥运会将永远记在我心中,它将时刻提醒我这样一个事实——人类和各个国家是可以和平共处、共享安宁的。"

小勒鲁瓦·卡特以"奥运颂"为题,写了一首长诗,记述运动会的盛况和人们欢乐的情景。他深有所感地写道:

> 战争中的俘虏,除非是在梦中——
> 能见到这样的场面?
> 各个国家的人来测试他们的能力,
> 不是在战争的杀戮中,
> 而是在体育竞赛中。
>
> 运动会在进行,
> 我们的友谊在成长。
> 大家欢乐地在一起,
> 我们不是朋友吗?

7. 弥足珍贵的纪念册

志愿军战俘营"奥运会"圆满结束了,参赛的战俘运动员、裁判员、啦啦队,以及为运动会提供各种服务的战俘们,从碧潼回到了各自的营地。这次特殊的"奥运会"的成功举办,在战俘中留下了极其深刻的印象。在很长一段时间里,战俘营"奥运会"的盛况成了人们难以忘却的话题,战俘们一直沉浸在兴奋和欢乐的气氛之中。

"我们希望能有一本关于这次运动会的纪念册,这样的一本纪念册将是永远值得我们珍藏的纪念品。"战俘们运用各种方式表达了他们的这种愿望和要求。

正在碧潼志愿军战俘营抱病坚持工作的女翻译应琳,自告奋勇,承担起了主编战俘"奥运会"纪念册的任务。

祖籍上海、1922 年出生的南朝鲜归国华侨应琳,曾先后就读于北平辅仁大学、燕京大学,毕业于北京大学。美国大举入侵朝鲜,并且迅速将战火烧到中、朝接壤的鸭绿江边,新中国的安全受到严重威胁时,她不顾自己体弱多病,积极报名参军参干,投入到"抗美援朝、保家卫国"的洪流中去。她被批准短暂地留在中央军委总政治部工作,随即如愿以偿地跨过鸭绿江,来到碧潼,在中国人民志愿军政治部俘虏管理处,运用她熟练掌握英、法、日、朝鲜语等多种外语的优势,承担起了对美、英等多国军队俘虏的管理任务。她经常同美、英等军俘虏谈话,了解他们的思想动态以及生活方面的问题,向领导提出改进俘管工作的建议。她运用各种机会和方式,向俘虏宣讲志愿军宽待俘虏的政策,解除他们的疑虑,稳定他们的情绪。她参加了战俘名单、资料、档案的收集和整理工作,她帮助俘虏解决他们在与其国内亲友通信联系中遇到的种种困难和问题,她认真负责的态度和一丝不苟的精神,受到领导和战友们的一致赞扬和钦佩。由于她在抗美援朝的知识青年中年龄较长,大家都尊称她"应大姐"。

肩负着志愿军战俘营领导层的委任,以及战俘们的期盼,应琳往来于各俘管团、队之间,收集了大量有关战俘"奥运会"的资料、图片、战俘们撰写的文章、感言、诗歌等等。战俘运动会结束后不到一个月的时间,应琳就将所有收集到的资料精挑细选,编辑成册。1952年底,《中国人民志愿军朝鲜碧潼战俘营营际奥运会纪念册》正式出版发行了。这本纪念册一经面世,就在志愿军战俘营内外受到了广泛的欢迎。

纪念册以35页的篇幅,刊载了109幅照片,以及战俘们撰写的26篇专题报道、文章和诗歌,它详细而生动地记述了战俘"奥运会"的全过程,紧张而热烈的比赛场景,以及战俘们发自内心的激情和赞叹。

一个名为乔治·R.埃特金斯的战俘在纪念册的前言中写道:"这本纪念册运用照片展示了营际奥运会的精彩场景,引领人们重温那激动人心、感人肺腑的故事——运动场上那精湛的竞赛、兴奋的场面、饱满的热情、真诚而执著的运动精神,以及洋溢于多国运动员之间的友好情谊。"

乔治·R.埃特金斯称这本战俘营"奥运会"纪念册为"真正的、珍贵的纪念品",他写道:"能够举办这一令人难忘的盛会,一个极为重要的因素,就是朝鲜人民军和中国人民志愿军的积极支持态度。没有他们的努力,如此宏大之举是不可能完成的。俘虏我们的人们自始至终表现出无可挑剔的协作、宽容、热情与无私的精神,对于我们每一个被俘者来说,宽大政策早已超出了宽大的界限,而被兄弟之情所取代。为运动会提供充足的物资和丰富而精美的奖品,足以证明朝鲜人民军和中国人民志愿军为成功举办这次战俘营营际奥运会所做的一切,是真心实意的。"他动情地写道:"多年之后,无论何时拿起这本纪念册,都将难以抑制那种激荡在心头的复杂感情,因为这里面所拥有的是难以用金钱买到的,是真正的纪念品,是不会随着时间而消失的宝贵财富。"

在35页的战俘"奥运会"纪念册中,有22页用图文记述了竞争激烈的比赛场景和优秀成绩。

继志愿军战俘营的战俘"奥运会"纪念册之后,1953年初又出版了另一本画册,题目是"联合国军战俘在朝鲜"。画册以94页的篇幅、232幅图片、37篇报道和文章,反映美、英等军战俘在志愿军战俘营享受宽大待遇以及生活活动的方方面面。应琳带病继续参加了画册《联合国军战俘在朝鲜》的编辑工作,刚刚完成任务,备受心脏病折磨的虚弱之躯再也不能在战地工作下去了,应琳不得不听从领导和战友们的劝说,从碧潼回国治病疗养。

8. 争取和平、反对战争的战俘"和平委员会"

话说回来,人们注意到,随着中共中央关于改善和加强对外俘管理工作的指示,以及宽待俘虏政策的贯彻实施和逐步深化,志愿军战俘营的情况在不断变化着,尤其是在美、英战俘中,出现了许多新情况:轻松愉快的多了,担心害怕的少了;相互理解交流的多了,消极抵触的少了;心宽体胖的多了,骨瘦如柴的少了;读书看报的多了,懒散度日的少了;自觉遵守纪律的多了,调皮打闹的少了,等等。战俘们的生活情况和精神面貌焕然一新。

越来越多的战俘从志愿军战俘营的现实生活中得到启迪,开始认真思考一些问题:

"我们远涉重洋,来到朝鲜,真的是执行联合国的'警察任务'吗?"

"装备精良的美、英军队为什么屡吃败仗?"

"(美国)军方一再告诫我们:被朝、中军队俘虏了,是要被'砍头'的,为什么战俘们现在都活得很好,并且越过越好?"

"怎样才能停止战争,实现和平?"

战俘们从有线广播、报刊图书中寻求解答,通过文娱活动寻求解答,通过与志愿军人员的接触、谈话中寻求解答。越来越多的战俘思想豁然开朗了,认识水平提高了,战俘营里出现了许多意想不到的事情,揭露美国空军飞机到处狂轰滥炸,并轰炸志愿军战俘营,反对战争、拥护和平的浪潮,等等,在战俘营中一个接一个勃然而起。

"我提议,我们这些战俘成立一个'和平委员会',用行动来争取和平,反对战争。"

美军战俘普雷斯顿·里奇的倡议立即得到了美、英等战俘们的热烈响应,并且得到了志愿军俘管当局的批准。

于是,战俘的"和平委员会"选举产生了。委员会的成员有主席、副主席、秘书、5 名委员,他们是:

主席:普雷斯顿·里奇,原美军第 2 师军士。

副主席:罗纳尔德·柯克斯,《走向真理与和平》半月刊的美术编辑。

秘书:那地勒,32 岁,原美军中尉侦察官,1938 年入伍,1951 年在朝鲜云山被俘。

委员:白契勒,21 岁,原美军骑 1 师士兵。

委员:杰弗斯,34 岁,1943 年入伍,原美军第 7 师军士长。

委员:柏里,美国黑人,29 岁,1942 年入伍,原美军第 2 师无线电员。

委员:麦克尔,原英国皇家格罗斯特"功勋团"电机技术兵,1938 年入伍,二战结束后在汽车厂当工人,1950 年再次入伍,1951 年 1 月 4 日在汉城北部被俘。

委员:桑切斯,35 岁,原美军骑 1 师卫生兵,1946 年入伍,1950 年 11 月被俘。

在碧潼举行的"和平委员会"成立大会上,委员会主席里奇发表讲话,号召战俘们用实际行动反对战争,争取和平。军官战俘大队成立了"和平宣传组",美军少校战俘麦克比代表军官战俘们在会上发言表示,要积极参加"和平委员会"的工作。

志愿军俘管处王央公主任、周政委、俘管干部李正凌等,出席了大会,王主任在会上讲话,他称赞"和平委员会"的正义行动,表示支持委员会反对战争、争取和平的工作。

参加大会的战俘们在"和平委员会"领导成员的率领下,在碧潼

举行了声势浩大的游行。他们举着标语牌,齐声高呼口号:

"拥护和平,反对战争!"

"不许插手朝鲜!"

"美国侵略军从台湾撤回去!"

"将台湾归还给新中国!"

战俘们的激愤情绪达到了高峰。

战俘"和平委员会"还向"世界和平委员会"等国际组织发出通电,表示坚决"拥护和平,反对战争"。志愿军俘管 5 团 1363 名战俘,在通电上签名的就有 1353 人,只有 10 名战俘因担心回国后会受处罚而没有签名。

三名美英战俘的传奇经历

1. 被俘的美军少将师长感悟良多

中国人民志愿军入朝参战后,曾同朝鲜人民军有一项约定:中国人民志愿军主要管理美、英等军战俘,南朝鲜李承晚军战俘次之;朝鲜人民军主要管理南朝鲜李承晚军战俘,美、英军战俘次之。

根据这项约定,中国人民志愿军俘虏管理机构一着手建立,就将大批的南朝鲜李承晚军战俘移交给了朝鲜人民军管理,朝鲜人民军也将他们俘获的美、英等军战俘送交给了志愿军俘管处筹备处。

但是,由于美军第24师少将师长威廉·F.迪安是在中国人民志愿军入朝参战之前由朝鲜人民军俘获的,迪安仍由朝鲜人民军管理。中、朝两方并且商定:对于这位最高职务和军阶的美军战俘,同对待所有美、英战俘一样,按照宽大政策的精神,给予宽大待遇;为了安全起见,对于迪安的关押地点实行保密。

志愿军俘管团周政委、资深的外语干部林新源等,多次同迪安进行谈话,并经常同朝鲜有关方面保持联系接触。

在第二次世界大战期间,美军第24师在反击德国法西斯和日本军国主义者的战斗中,屡建奇功,被誉为"常胜军",战后作为占领军驻扎在日本。

美国趁朝鲜内战爆发之机,将美军第24师从日本调到朝鲜,使这个二战反法西斯的"常胜军"参加侵朝战争,走向反面。

1950年7月9日,从日本调到南朝鲜仅仅18天的美军第24师,就被朝鲜人民军打得落花流水,溃不成军。

半个世纪之后的 2000 年 6 月 26 日，美国一家报纸发表的一篇纪念性"专题报道"，记述了当年战争一开始美军就连吃败仗的惨景。"专题报道"说："1950 年 7 月 19 日至 22 日的大田会战，美国伤亡惨重。"并说："34 装甲团、24 步兵师及第 8 军，几乎只剩下部队番号，全部编入第 19 装甲兵团，尤其是 34 装甲团伤亡殆尽，余部还不满一个连的兵力。"

实际情况是：这次大田战役，美军第 24 师连同南朝鲜李承晚军第 1、2 军都遭到朝鲜人民军的毁灭性打击，总共被毙、伤、俘 3.2 万余人，火炮损失 220 门、坦克 20 多辆、各种枪支 4600 余件、汽车 1300 多辆，还有大量的军事装备、物资、器材、食品等。

美军第 24 师少将师长威廉·F. 迪安，就是在这次大田战役中被朝鲜人民军俘获的。

在大田周边地带，尸横遍野，死伤枕藉，到处是被击毁的大炮、坦克、汽车，以及拦腰折断的树木，有些还在燃烧，或是冒出浓浓的黑烟。溃败的美军和南朝鲜李承晚军部队、车辆，一堆又一堆，一伙又一伙，还有那败军的散兵游勇，塞满了公路和田野。

盛夏暑热，疲惫万分的美军第 24 师师长迪安少将，饥渴难耐，他乘坐的吉普车被夹在人流和车丛中间，进退不得。

"停车！我要下去活动一下躯体，找点水喝！"迪安将军厉声命令司机道。

"将军！太危险了！这里不是可以停车的地方，请不要下车！"司机和随行人员竭力劝阻。

但是，迪安哪里听得进去。他径自下车，越过人群，艰难地找到一个水塘边，蹲下身去，也顾不得池塘的水是否干净，用手捧起一些清水，送进嘴里，漱了漱口，又用水浇到脸上，抹了一把脸，顿感清凉舒爽，似乎疲劳、焦渴消退了许多。

迪安站起身来，举目四望，自己的吉普车、司机、随从人员，已都不见踪影。

夜幕降临，不远处仍有零星的炮声，机关枪声也在断断续续地响个不停。迪安顿感迷茫，不知所措，他喃喃自语道：

"我这是在什么地方？"

"我是不是迷路了？"

"现在我该怎么办？"

他蹒跚地、漫无目的地向草丛、向山沟走去。饿了，就找些野果充饥。渴了，仍是找个水塘捧点水喝，他已记不清自己究竟经历了多少个这样的日日夜夜。

一个晴朗的早晨。一位 13 岁的朝鲜砍柴小儿郎突然发现前面草丛里有响动。是一只野兔？不，是一只山鸡？不，是一个人！

"牙博削！（喂！）你是谁？走出来！"砍柴小儿郎高声喊道。

迪安从草丛的缝隙看到，喊话的是一个娃娃，便壮着胆子走出草丛。

"哈啰！孩子，我饿得很，能找到一点吃的东西吗？我的派克金笔、高级手表，还有手枪，都可以给你。"迪安说。

一个说朝鲜语的孩子，一个说英语的美国将军，怎么也说不清楚，通过比手画脚，总算大体上有了一个沟通。

朝鲜娃娃拿出两根玉米棒子交给迪安，收取了迪安的手枪，而将金笔和手表退回给了他。娃娃打着手势，叫迪安重新藏在草丛里，并答应再给他弄一些吃的东西来。

机警的砍柴小孩迅速引领几位朝鲜人民军战士来到迪安藏身之地。

"哈啰！快走出来，你被俘了。你的生命安全将是有保障的。"一位朝鲜人民军战士用英语喊道。

迪安走出了草丛，他在山沟草丛间转悠了将近一个月，终于结束了他东躲西藏的、噩梦般的时光——这一天是 1950 年 8 月 25 日。

侵朝美军出师不利，美军"常胜军"第 24 师刚刚到朝鲜 18 天，就被打得落落大败，师长威廉·F.迪安少将在朝鲜战场"失踪"，这件事使得美国朝野极为震惊。

事情既已发生，美国远东军总司令兼"联合国军"总司令麦克阿瑟上将极度沮丧之余,自日本东京紧急命令于 1950 年 7 月 13 日刚刚接任侵朝美军第 8 集团军司令的沃尔顿·沃克中将,立即查找迪安将军的下落。

沃克将军采取一切手段,四处搜寻,毫无踪影,于是一纸报告向麦克阿瑟上将和美国当局复命:"迪安将军接任第 24 师师长赴朝鲜仅 18 天,但该部队有高度的责任感,大田被围时,将军临危不惧,指挥若定,亲自指挥部队突围,不幸以身殉职,云云。"

美国当局为了表彰迪安将军对美利坚合众国的忠贞和功绩,特地举行隆重的仪式,授予他代表美国最高荣誉的"国会荣誉勋章"。

然而,没过多久,无线电波就从朝鲜传出一条惊人的消息:美军第 24 师师长迪安少将没有"阵亡",而是在大田战斗中被朝鲜人民军俘虏。他在朝鲜北部战俘营中受到了人道主义的宽大待遇,身心都很健康。对于这种戏剧性的情况,美国舆论一片哗然,正直的美国人民则感到自己受到了欺骗和愚弄。

如前所述,侵朝美军第 8 集团军中将司令沃尔顿·沃克刚一上任,就接到麦克阿瑟上将紧急命令他查找"失踪"的迪安少将这样一件棘手的差事,上演了"美国将军——活烈士"这样一出可笑的闹剧。但是,沃克中将自己绝对没有料到,时隔仅仅 160 天,即 1950 年 12 月 23 日,他所率的部队在同中国人民志愿军的一次较量中,同样遭到惨败,沃克中将命归黄泉——这是美军在侵略朝鲜的战争中惨死的一名将军。

美国侵朝战争一开局,就连吃败仗,它的"常胜军""精锐部队"等,先后遭到朝鲜人民军和中国人民志愿军的歼灭性打击,师长迪安少将被俘,集团军司令沃克中将惨死,这一系列灾难性的事件,犹如连续不断的"地震"一般,在美国统治集团和军中高层引发了剧烈的震撼,内部意见纷乱,矛盾加深,美国当局不得不频繁地易帅换马。侵朝美军第 8 集团军司令沃克中将于 1950 年 12 月 23 日死后,遗缺由李奇微上将接任。仅仅相隔 3 个月零 2 天,竭力主战的鹰派人物、"联合国军"总司令麦克阿瑟上将于 1951 年 4 月 11 日被撤换回国,"联合国军"总司令一职由李奇微上将顶替,而范佛里特将军则继李奇微出任美国第 8 集团军司令。

迪安在朝鲜北部战俘营地,法国巴黎《今晚报》记者贝却敌,朝、中媒体的记者同迪安见面,进行了简短的访谈。

记者:"迪安先生,请你谈谈你在这里的生活情况和感受,好吗?"

迪安:"我在这里很好,受到多方面的照顾。我可以进行多项体育活动,锻炼身体。我刚到这里时,体重估计是 130 磅,现在体重增加到了 180 磅。"

迪安:"我可以同美国的亲属进行通信联系,朝、中方面给我提供了很多帮助和方便。"

"我还可以按照自己的意思进行写作。我写了一本题为《在朝鲜被俘历险记》,美国一家出版社知道了这件事,表示愿出价 5 万美元,预约要出版这本书呢。"……

2. 一名特殊的美军上尉战俘

在志愿军战俘营总部及俘管 5 团举行的 1951 年圣诞节庆祝活动的场所,在战俘"奥运会"各比赛场地,有一名战俘,带着照相机,极为活跃,到处抓拍战俘活动的精彩瞬间。他,就是在第二次战役中被俘的美国海军陆战第 1 师的上尉随军记者弗兰克·诺尔。

第二次战役从 1950 年 11 月 25 日至 12 月 24 日,整整打了一个月。随着志愿军部队不断打胜仗,一批又一批美、英军战俘撤离战场,被转送到鸭绿江南岸的碧潼志愿军战俘营。

北风呼号,寒气逼人。在志愿军战俘营里,一批刚刚抵达的美、英军战俘排着长长的队伍,领取表格,办理登记手续。在一间 20 多平方米的房子里,队伍弯弯曲曲,挤满了一屋,不得不延伸到屋外。忽然间,领表格的队伍止步不动了。后面的战俘大声催促:"快!快! 往前走啊!"急又有什么用呢? 原来一名战俘有话要说,卡住了。

"先生,我是美联社记者。美联社不是军事机构,我也不是军人。因此,你们不应该把我当作战俘放在战俘营里,而应该把我当作平民看待。"说话的这名战俘填完登记表后,对年轻的志愿军俘虏干部说。他个子不高,傲气未消,消瘦的脸,神态自若,从登记表上看,这名战俘名叫弗兰克·诺尔(Frank Noel)。

"你是不是穿着美军军装、带着武器、佩戴上尉军阶章?你是不是在战场上被俘的?你有没有宣传过侵略朝鲜的战争?你有没有为侵朝战争服务?"志愿军俘管人员严肃地一个问题接着一个问题追问道。

"再说,侵朝美军连吃败仗,从鸭绿江边往南溃逃的时候,抓走了数以万计的朝鲜平民百姓,还有大批中国民工,硬把他们当作战俘,强行关押在美军战俘营里,非人道地虐待他们,折磨甚至于将他们杀害。你知道这些吗?"志愿军俘管干部继续说道,他借此机会耐心地向战俘们宣讲志愿军宽待俘虏的政策。

"我可以负责任地告诉你,中国人民志愿军对放下武器的美、英等军被俘官兵实行人道主义的宽待政策:保证生命安全,保留个人财物,不虐待、不侮辱人格,有伤有病及时给予治疗。志愿军并不因美军虐待朝、中被俘人员而对美军战俘施加报复、虐待。因此,你脱离战场,来到志愿军战俘营里,并不是坏事。你的生命从此就有了保障,你可以同其他战俘一样,享受志愿军的宽大待遇。"志愿军俘管干部的一席话说得弗兰克·诺尔无言以对,排队领表登记的战俘们则交头接耳,议论纷纷。

"好吧,长官!"诺尔应声说了这么一句,此后就再也没有听到他重提把他"当作平民看待"这类要求了。

美国纽约州籍的弗兰克·诺尔被俘时已届 52 岁,美联社的同事们都昵称他为"诺尔老爸"。作为美国"王牌部队"海军陆战第 1 师的上尉随军记者,弗兰克·诺尔着一身美式军装,头戴钢盔,腰挎手枪,胸前挂着名牌照相机,叼着大烟斗,独自开着军用吉普车,车上还载有一只大型宠物犬,随心所欲地驰骋疆场,然而这一切并没有帮助他改变自己的命运。

第二次战役东线较量是在长津湖地区进行的,因而又称"长津湖战役"。战斗打响后的第三天,即 1950 年 11 月 28 日,弗兰克·诺尔所在的海军陆战第 1 师落入了我志愿军第 9 兵团的包围网之中。12 月 17 日美军陆战 1 师的指挥机关及一部分残余部队,在美国海军和空军的救援下,丢下很多伤员和死者的尸体,突围从海上逃跑了,一起逃跑的还有诺尔的那只宠物犬。然而,犬的主人弗兰克·诺尔和几百名美军官兵,却未能逃掉,当了中国人民志愿军的俘虏。

在最初的一段时间里,弗兰克·诺尔和美军军官战俘们待在一起,一直沉默寡言,精神委靡不振。

一次,笔者在操场上同几名战俘说话,其中就有弗兰克·诺尔。作为俘管干部,笔者经常来往于前线后方、各俘管团队,尽管没有摄影任务,但出于业余爱好,平时总是随身携带一架崭新的莱卡照相机。这次同俘虏们在一起,我发现诺尔并不关注我和战俘们在说些什么,却不时盯着我那架照相机。于是,笔者将照相机交给他,让他看看,告诉他也可试试。他接过照相机,端详了很久,试拍了几张。他动作敏捷,专业技术娴熟。胶卷和照片冲洗出来一看,用光取景,恰到好处,这从一个侧面也印证了弗兰克·诺尔不是冒牌的摄影记者。

美国发动侵朝战争,并悍然越过"三八线"北犯,将战火烧到鸭绿江边,"联合国军"总司令、美军陆军上将麦克阿瑟大言不惭地宣称:"朝鲜战争将在 3 个月内胜利结束,美国官兵可以回家过(1950年)圣诞节。"

然而,战局和事态的发展并不像麦克阿瑟将军所预言的那样,深陷泥潭的美国侵略军连吃败仗,损兵折将,代价惨重。这样,麦克阿瑟上将被美国总统杜鲁门炒了鱿鱼。丢了乌纱帽的麦克阿瑟将军在发表"3 个月回家过(1950 年)圣诞节"的著名演说之后仅半年多一点时间,自己倒是回家过圣诞节去了,可是侵朝美军官兵们却一直苦挨了 3 年 1 个月又 2 天,在万里之外、远离家乡亲人的朝鲜,度过了一个又一个圣诞节。

时光荏苒,秋去冬来,1951 年圣诞节为期不远了。

在志愿军战俘营里,欢庆圣诞的各项筹备工作在紧张而热烈地进行之中。

情况传到了在开城地区采访停战谈判的美联社驻东京亚洲总分社几个编辑、记者的耳朵里,同时他们也得到了"诺尔老爸"被俘的信息,于是动起了脑筋。有人提出给诺尔送几瓶威士忌酒去,使他在节日得到一点慰藉;诺尔的老同事、图片编辑迪斯福则建议送一架照相机给他,或许还能使他为美联社搞点志愿军战俘营的"独家新闻"。迪斯福这个被称之为"老爸圣诞行动"的计划,得到了美联社亚洲总分社的赞许。

美联社一位记者找到同样活跃在板门店的英国《工人日报》记者阿兰·魏宁顿和法国《人道报》记者威尔弗雷德·贝却敌商量,请求他们帮忙。

魏宁顿对贝却敌说:"如果诺尔拍些照片在西方发表,揭示美、英战俘在志愿军战俘营受宽待的情况,将会使美方关于志愿军'虐杀战俘'的不真实宣传真相大白。"

他俩的看法得到了香港《大公报》记者朱启平的赞同和协助,此事很快上报并得到志愿军停战谈判代表团领导李克农、乔冠华的批准。

根据领导的批示精神,经过志愿军方面特别准许,一批摄影器材,其中包括专业新闻摄影机、胶片、闪光灯等,于 1952 年圣诞节之前,辗转送到诺尔手中,另外还有一张节日贺卡、一封慰问信、几瓶威士忌酒。尤其使诺尔感到惊喜的是,信中还附了一张他妻子的照片,妻子身旁是诺尔在战场上失散的那只宠物犬。

诺尔的同事在信中说:"夫人得知你的下落后,欣喜若狂,她很快就会给你写信的,爱犬是部队撤离时带回国转给夫人的。"信中并说:"你拍的照片,总社收到后将立即转发。故乡亲友渴望了解被俘的(美军)官兵们在志愿军战俘营中的真实情况,这一意义重大的工作全靠'老爸'的努力了……"

诺尔读信后，老泪纵横。他一改委靡不振的情绪，精神抖擞地向俘管干部林新源表示，一定听从志愿军俘管当局的安排，全身心地投入工作。

圣诞佳节终于来到，志愿军战俘营内张灯结彩，热闹非凡，圣诞晚餐极为丰盛，战俘们兴高采烈，欢乐的歌声响彻夜空。

诺尔端起他那崭新的新闻摄影机，忙碌地抓拍一个又一个精彩的镜头。

但是，也有战俘面对诺尔的镜头，七嘴八舌，显得多少有些顾虑。

诺尔高声喊道："孩子们！不要多嘴多舌，尽管乐吧！让我把这难忘的场面记录下来，寄回美国去登报，好叫亲人们看看，我们不仅还活着，而且活得很好，一张照片顶一千句话啊！……"

于是，一切疑虑顿时消散，欢乐的人们争抢着挤上镜头，互不相让。

诺尔拍摄的一批照片，转到了美联社亚洲总分社。他们选出7张战俘们在志愿军战俘营欢度圣诞的照片，发往美国，美国各大报竞相在显著版位刊登，立即在全美引起极大的轰动，战俘们的亲属反应尤为强烈。有的西方记者对诺尔既羡慕，又嫉妒，恨不得自己也去当志愿军的俘虏。美联社总社则对诺尔慰勉有加，鼓励他再接再厉。唯独"联合国军"总司令、美国的李奇微上将气急败坏，而又无可奈何，除了严格限制美国记者在板门店的活动之外，却也无计可施。

志愿军俘管处新闻科及时总结经验，认为运用诺尔拍摄的圣诞节活动的照片，加强对外宣传，是成功的。新闻科科长田志洪提出并报请上级批准，成立一个3人报道组：新闻科的摄影记者兼翻译江宁生为组长，组员有通讯员小何，另一位就是弗兰克·诺尔。他们穿梭于鸭绿江南岸的各俘管团、队，拍摄了大量关于战俘生活、活动的照片。

　　这个由志愿军俘管干部、战士和一名美军战俘组成的特殊的报道组,在他们的工作活动中,有许多感人的插曲和逸事。

　　严冬已经过去,春暖花开时节来到了,但是,鸭绿江边的坚冰尚未融化。一次,报道组成员背负着全套摄影所需的器材,从鸭绿江的冰面上穿过,到另一个战俘营去,他们不知道江中心有的地方冰面已经松软了。诺尔小心翼翼地迈开脚步,向前走去。突然,江心冰面破裂,诺尔掉进了江里。江宁生和通讯员小何发现这突如其来的情况,两人不约而同地跳到江水之中,他们的游水本领都不错,江宁生一把抓住诺尔说:"快把照相机和装胶卷器材的背袋给我!"江宁生接过这些东西,举过头顶,踩水向浅处游去。通讯员小何则托着诺尔的身子,不让他往下沉,并且全身棉衣冬装都已被江水浸透,但是照相机、已拍和未拍的胶卷、其他摄影器材都保住了,没有进水。如同打了一次胜仗一样,3 人的心情是极其愉快的。这件事使弗兰克·诺尔感受颇深:在危难时刻,自己不仅没有被抛弃,而且得到了志愿军的大力保护。事后有同伴问他的感想,他说:"此时此刻,我除了(对志愿军)内心铭感之外,还能说些什么呢!"

　　1952 年 11 月 15 日至 27 日,志愿军俘管处在碧潼举行了一次别开生面的大型运动会,即"中国人民志愿军战俘营奥林匹克运动会"。诺尔作为报道组的一员,带着照相机,以他娴熟的摄影技艺,活跃在运动场上,大显身手。

　　诺尔拍摄的运动会照片发出后,在全世界舆论界掀起了又一次波澜,人们惊奇地说:"战俘营举办这样规模的运动会,是个创举。"有关中国人"虐待战俘"的不真实的宣传,又一次被揭破。

　　然而,此时的诺尔,有些飘飘然,尾巴翘起来了,一次,诺尔竟在送往板门店的照片封套上写着"寄自美联社鸭绿江分社"。

　　摄影组长兼翻译江宁生敏锐地发现了这个问题,严厉地批评诺尔说:"你忘记自己现在的身份了! 这里是志愿军的战俘营,不是美军的占领地!"

　　诺尔当即毫不犹豫地将封套撕毁,重新写了信封,并且羞愧地说："我只是想向同事们表示一点幽默，没有别的意思，我发誓以后不再犯类似的错误。"

于是诺尔又振奋精神，背起照相机，紧随志愿军俘管处新闻科报道组，奔忙于各俘管团、队之间。

有一次，在休息的时候，报道组的通讯员小何不解地问俘管干部李正凌："我们自己多拍些照片发给西方报刊不行吗？为什么一定要诺尔参加我们报道组拍照片呢？"李正凌笑了笑，回答说："小同志，你这个问题提的很好。"他说："美国当局和军方对全世界、对他们的官兵，进行了很多不真实的宣传，硬说我们志愿军'虐待战俘'什么的，因而西方媒体对我方发的照片，往往持怀疑的态度，通常不愿刊登，或登的很少。诺尔拍摄的照片印证了我志愿军对美、英战俘实行人道主义宽待政策的事实，我们的报道和图片在西方国家的信任度和采用率也随之大为提高。"李正凌还说："诺尔拍照片，这是美联社的愿望和要求，也是我们对外宣传的需要。"他说："我们通过诺尔在战俘营拍摄的照片，用无可辩驳的事实，揭露美方的欺骗宣传，争取战俘和他们的亲友的理解和支持，激发各国人民反对侵略战争、争取世界和平，这在世界新闻摄影史上，特别是在战俘管理工作方面，是没有先例的创举和典型。"报道组小何的思想疙瘩解开了，认识水平提高了，心情愉快了，他在工作中的积极性和主动性大为高涨。

诺尔拍摄的照片一批又一批地在西方报刊上登出，战俘亲属的信件也雪片似地飞来，他们从照片上了解到自己的亲人在志愿军战俘营里平安而健康，感到极大的欣慰。美军战俘罗伯特·伍德的妻子在报纸上看到丈夫的照片后，给伍德来信说："看到你快乐的面容，知道中国人民志愿军待你很好，我就放心了。只盼你早日归来！"战俘们的亲属对诺尔大加赞赏，对志愿军的宽待政策无限感激，弗兰克·诺尔也因此名声大噪。在志愿军战俘营内，在西方，尤其是在美国，诺尔简直成了一个传奇式的人物。当然，最为高兴的，还是诺尔的妻子。她给丈夫来信除表示思念之情外，还告诉诺尔，美联社给他的稿费累计起来已经有了多少。有人问诺尔具体数字，诺尔不无得意地说："买一辆小轿车后，再买一栋别墅，应该是没有问题的。"

也有好心的战俘同伴提醒诺尔说："你拍了那么多照片登在西方报纸上，就不怕回去后美国当局和联邦调查局找你的麻烦，说你替共产党搞宣传？"

诺尔理直气壮地回答说："为了真理与和平，我怕什么！"

3. 一名英军战俘和志愿军军医的手足情

在美国发动侵略朝鲜的战争中，英国派出两个旅。1950 年 11 月，一个名叫彼得·劳雷的英国皇家第 29 旅的坦克兵，随部队开赴朝鲜战场。1951 年 1 月 4 日，在中国人民志愿军发动的第 3 次战役中，英国第 29 旅在汉城以北地区与志愿军部队遭遇，头一次遭到沉重的打击。该旅奥斯特来复枪团第 1 营和第 8 坦克直属中队被全歼，34 辆坦克、240 辆装甲车和汽车被志愿军击毁或缴获，一批英军官兵被志愿军俘虏，19 岁的彼得·劳雷就在其中。经过激烈的战斗洗礼和美国飞机的轰炸扫射，彼得·劳雷和一批英军俘虏总算存活下来了。他们被转送到距鸭绿江南岸约 20 公里的昌城志愿军俘管 1 团。

一名惊魂甫定的英国战俘感慨地说："来到这里（志愿军战俘营），我们终于有了安全感！"另一名英军战俘形象地补充说："应该说，来到这里，就等于是跨出了地狱之门！"

还有一名英军战俘心有余悸地说："从此以后，我们可以不必再端着枪去为那种不可理喻的目标送命了！"

然而，出乎意料的是，死神又一次来到彼得·劳雷面前，严重威胁着他的生命。原来，彼得·劳雷突发急病，他病倒了，病得不轻，这是 1951 年初夏的事。"经过检查，彼得·劳雷的体温高达 41 摄氏度，是急性肺炎。"志愿军俘管 1 团卫生所的黄远医生兼翻译仔细检查病人的身体后对卫生所所长钱华说。"你考虑怎样给病人治疗？"

钱华所长问黄医生。"现在药品紧缺,必须赶紧给病人消炎退烧。但是,全团仅有 10 支青霉素,这是全团干部、战士,以及全体战俘的救命药,非到万不得已时不能随便使用。怎么办?"黄远医生感到很为难地对钱所长说。"立即去向团领导请示。"钱华所长和黄远医生向张芝菘团长作了汇报。"你们是医生,救死扶伤是医务工作者的天职。你们根据实际情况的需要,应该怎么办就怎么办。"团长明确无误地说。

31 岁的黄远医生出生于广东省汕头,长于福建省厦门。在香港英文中学念高中,在内地的医学院学医。毕业后在福建省泉州医院担任医生。平时沉默寡言、为人厚道的黄医生不仅医术高明,并且精通英文,朋友和同事们都很乐意接近他。在抗美援朝运动中,黄远医生积极响应祖国的召唤,奔赴朝鲜战场,他被分配在中国人民志愿军昌城俘管 1 团卫生所担任医生兼翻译。作为一名经验丰富的医生,黄远医生深知,急性肺炎是非常危险的。根据张团长的指示精神,黄远医生毫不犹豫地将全团仅有的 10 支青霉素全部用在了彼得·劳雷的身上。随着 10 支青霉素按时注射完毕,加上医护人员的精心护理,彼得·劳雷的高烧退了,病情大有好转,身体逐渐康复。他又一次被从死神手里拉回到了人间。俘管干部林新源去看望劳雷时,劳雷深有感触地说:"是黄远医生、卫生所的医护人员、俘管 1 团的领导,给了我第二次生命。"

彼得·劳雷出生在伦敦附近的一个小镇,1949 年高中毕业后,抱着"周游世界"的幻想,入伍当兵。孰料这个幻想没有实现,却被送到了朝鲜战场。劳雷热泪盈眶地对林新源说:

"幸亏遇到了中国人民志愿军,我才获得了新生!"

英国皇家第 29 旅开赴朝鲜参加美国发动的侵朝战争仅一个多月,就遭到第一次惨败,使西方国家大为震惊。英国政府和军方不得不承认"损失惨重",并向彼得·劳雷及其他英军官兵的家属发出了"阵亡通知书"。彼得·劳雷的父母亲及女友芙尼达获此"噩耗",悲痛万分。正在此时,英国《工人日报》记者阿兰·魏宁顿自北京发出一则报道说,一批英军官兵被中国人民志愿军俘虏,其中就有彼得·劳雷,他们在志愿军战俘营都很安全,并且受到宽大待遇。这条消息使英国当局非常恼火,指斥阿兰·魏宁顿"造谣生事",并威胁说要"查封"英国《工人日报》。于是,英国皇家第 29 旅的坦克兵彼得·劳雷究竟是"阵亡"了,还是仍然活在人间;究竟是阿兰·魏宁顿"造谣生事",还是彼得·劳雷确实在志愿军战俘营过得很好,竟然成了严肃的政治问题。应英国《工人日报》记者阿兰·魏宁顿的请求,中央人民政府人民革命军事委员会总政治部派遣了一个 3 人小组,专程前往昌城俘管 1 团调查了解彼得·劳雷的情况,志愿军碧潼俘管处总部俘管干部林新源是 3 人调查小组成员之一。调查小组分别同昌城俘管 1 团的领导、黄远医生见了面,听取了关于劳雷的情况汇报,并且同彼得·劳雷本人进行了谈话。经核实:彼得·劳雷确是原英国皇家第 29 旅的一名坦克兵;他的被俘经过、他被俘后突患急性肺炎经救治康复的情况,都真实无误;他在志愿军战俘营同其他战俘一样受到宽大待遇,在所有战俘中再没有与彼得·劳雷同名同姓的战俘了。情况的调查了解与核实工作是认真、细致、负责的。阿兰·魏宁顿得到了总政治部肯定的回复,心里完全踏实了。随后,他又亲自到昌城志愿军俘管 1 团采访彼得·劳雷,亲眼看到彼得·劳雷不仅活着,而且身体得到康复,精神也是愉快的。"我来给你和黄远医生拍一张合影吧,你的父母和女朋友看到这张照片后,一定会感到非常惊喜的。"阿兰·魏宁顿对彼得·劳雷说。阿兰·魏宁顿关于彼得·劳雷的详细报道,连同他和黄远医生的合影,一起在英国《工人日报》刊登后,在英国引起很大的轰动。英国当局和军方则默不作声,再也不说阿兰·魏宁顿"造谣生事"、要"查封"英国《工人日报》的事了。一场因新闻记者关于一名英军战俘的报道引起的风波这才平息下来。然而,事情并没有就此了结,张芝荪团长有他更深一层的思虑。一天,张团长同黄远医生说:"为了避免日后事情有反复,一定要想法巩固彼得·劳雷的疗效。将来遣返回国时,彼得·劳雷不仅是活着的,并且是健壮的。"

"团长,我理解你的意思。但是如果现在就让彼得·劳雷回俘管中队去生活,要想达到你的要求,是有困难的。因为一个刚刚康复的病号,不仅继续需要医疗方面的照顾,而且要有生活上的调剂,思想情绪的稳定,身体的适当运动、锻炼。"黄远医生对张团长说。"那么,按照你的设想,该怎么办才合适?"团长问黄远医生。"如果领导批准,让彼得·劳雷搬到我这里住,我会很好地照料他的。"黄远医生说。"我完全同意你的意见。"团长对黄远医生说。于是,彼得·劳雷搬离俘管中队,来到黄远医生的小屋,同黄医生生活在一起。从此,一个英国青年坦克兵俘虏,同一个比他大12岁、救过他命的志愿军医生,同住一屋,朝夕与共,情同手足。由于紧张的战地生活和繁重的工作任务,志愿军俘管1团卫生所的黄远医生兼翻译自己也病倒了,领导经过反复研究后作出决定:送黄远医生回国治病和疗养。这是领导的决定,也是命令。作为志愿军的一员,尽管自己不愿离开卫生所,不愿离开自己抗美援朝的岗位,黄远医生只好服从。对这突如其来的情况,彼得·劳雷不知如何是好。但他感到同自己的救命恩人黄远医生分离是不可避免的了,却又感到难舍难分,并且在心头留下了不少悬念:

"黄远医生回国治病需要去多久?"

"黄远医生病好后是不是还回到昌城来?"

"今后同黄医生还能见面吗?"

"希望黄医生在回国途中一路平安,早日病愈康复!"

1953年4月10日,朝鲜停战谈判关于双方首先交换伤病战俘的问题达成协议。从1953年4月20日开始,双方实施伤病战俘的交换遣返工作。作为伤病战俘之一,彼得·劳雷依依不舍地同志愿军的朋友们话别。他在离开志愿军俘管1团、启程去开城之前,紧紧地拉着俘管干部林新源的手说:"此时此刻,我的心情是极其复杂的,一方面,我即将回国同家人重新聚首,过和平生活,心里极为高兴;另一方面,我舍不得这里的志愿军朋友们,尤其是在我离别的时刻,不能见到我的救命恩人黄远医生当面向他道别,我感到难过极了！……"彼得·劳雷说着说着,眼泪夺眶而出。1953 年 5 月 3 日,在办完手续后,彼得·劳雷同其他伤病战俘一道,通过军事分界线,进入南朝鲜,随后,彼得·劳雷返回到了英国。

艰苦的谈判　尖锐的斗争

1. 从来凤庄到板门店

　　美国趁朝鲜半岛南北双方爆发内战之机,大举入侵朝鲜,并且打起"联合国军"的旗号,把战火烧到鸭绿江边,却遇到了钢铁榔头中国人民志愿军的迎头痛击。美国侵略军连吃败仗,伤亡惨重。美国是死不起人的,美国发动一场同它毫不相干的战争,人死多了,美国人民不答应,他们的亲属更是不答应,这仗怎么能够再打下去!

　　朝、中方面的节节胜利,完全打乱了美国的侵略步伐,美国统治集团内部那些主张把侵略战火扩张到中国去的"鹰"派嚣张气焰遭到了沉重的打击。美国统治集团内部、美国同其盟国之间的矛盾和争吵不断加剧,杜鲁门政府意识到一场旷日持久的消耗战已无法持续下去,因而不得不附和那些主和派的意见,调整其对朝鲜的政策。美国总统杜鲁门于 1951 年 4 月 11 日下令:撤销不听命令、一味主张军事冒险,并公开叫嚷要把战火扩大到中国去的主战派首领麦克阿瑟的驻日盟军总司令、"联合国军"总司令、远东美军总司令、远东美军陆军司令等一切职务。资料显示:杜鲁门总统和国务卿艾奇逊早在 1951 年 5 月中旬就派美国国务院的苏联问题专家乔治·凯南出面,通过苏联常驻联合国代表马立克进行外交斡旋,谋求与朝、中进行停战谈判。美国的意向和活动辗转传到了北京,毛泽东主席、周恩来总理同朝鲜最高领导人金日成在北京经过磋商,并同苏联方面进行沟通,然后给予了美国的停战谈判试探以正面回应。1951 年 6 月 30 日,接替麦克阿瑟出任"联合国军"总司令的李奇微上将,奉杜鲁门和艾奇逊之命,发表声明称:"本人以联合国军总司令的资格,奉命与贵军谈判,以停止在朝鲜的一切敌对行为和军事战斗。"

1951 年 7 月 1 日,朝鲜金日成元帅、中国人民志愿军彭德怀司令员回答说:"我们同意举行停止军事行动和建立和平的谈判而同你方代表会晤。"

经过多次电讯联系,双方同意选定"三八线"上的开城来凤庄为谈判地点。谈判时间从 1951 年 7 月 10 日开始,10 月 25 日谈判地点改在开城以东 8 公里处的板门店。板门店原来是只有几栋小茅屋的一个小居民点,其中一栋草屋是客栈,立有篱笆墙和木板做的大门,当地人称之为"neolmuni",即朝文"木板门"的意思。"板门店"3 个汉字最早是中国人民志愿军停战谈判代表团提出使用的,谈判地点移到板门店后,双方都支起了很多帐篷,中间最大的是谈判用的。于是,本来在一般地图上都找不到的"板门店",成了举世闻名的地方。

中国人民志愿军朝鲜停战谈判代表团的领导,由外交部常务副部长兼军委总情报部部长李克农和外交部政策委员会副主任委员兼国际新闻局局长乔冠华担任,这是毛主席和周总理亲自选定的,两位领导直接向周总理、毛主席请示汇报工作。当时为了安全和保密,代表团对外称"群众工作队",李克农称"队长",乔冠华称"指导员",但两位领导都不对外露面。随着谈判任务的不断扩展,代表团的人员从最初 20 多人增加到 220 多人,总人数最多时达 6000 余人,其中包括由代表团指挥的军事分界线观察小组、进出口岸办事处、接收与遣送战俘的管理机构、医院、后勤运输部队,以及后来为执行停战协定而成立的解释代表团、墓地注册委员会、政治谈判代表团、机场、仓库、警卫部队、临时配属代表团的志愿军政治部文艺工作团等在内。这是一个紧密团结的战斗集体,是一个奋不顾身、忘我工作的战斗集体。朝、中方停战谈判代表团的阵营是:

朝鲜人民军总参谋长南日将军(首席代表)

朝鲜人民军总司令部侦察局局长李相朝将军

中国人民志愿军副司令员邓华将军

中国人民志愿军参谋长解方将军

朝鲜人民军第一军团参谋长张平山将军

美方停战谈判代表团人员是：

美国远东海军司令特纳·乔埃中将(首席代表)

美国远东空军副司令克雷奇少将

美国第 8 集团军副参谋长霍治少将

美国海军巡洋舰分队司令勃克海军少将

南朝鲜李承晚军白善烨少将

以后双方代表团人员都各有变化。1952 年 5 月,美方的首席代表改由 W·K.小哈里逊担任。

李克农同志满怀信心地对朝中代表团发表讲话说:"我相信,我们共产党人外交方面的才能绝不低于敌人。我们既能在战斗中学习战争,在战场上打击敌人,也一定能在谈判中学会谈判,赢得谈判的成功。"

李克农同志的讲话给了朝中停战谈判代表团全体人员很大的鼓舞。

这是一场艰苦的谈判,也是一场尖锐的斗争。在谈判中,战俘遣返问题自始至终都是斗争的焦点。

朝鲜战争从 1950 年 6 月 25 日开始,到 1953 年 7 月 27 日停战,一共打了 3 年零 1 个月又 2 天。

停战谈判从 1951 年 7 月 10 日开始,到 1953 年 7 月 27 日停战协定签字,共谈了 2 年零 17 天。

关于战俘遣返问题的谈判,从 1951 年 12 月 11 日到 1953 年 6 月 8 日,共谈了 1 年零 5 个月又 28 天。

经双方商定,一共有 5 个议题:

(1)通过议程;

(2)作为在朝鲜停止敌对行为的基本条件,确定双方军事分界线,以建立非军事区;

(3)在朝鲜境内实现停火与休战的具体安排,包括监督停火休战条款实施机构的组成、权力与职司;

(4)关于战俘的安排问题;

(5)向双方各有关国家政府建议事项。

问题在于,以超级大国傲然自居的美国当局走到谈判桌上来,是迫不得已的,因此谈判一开始接触到实质性问题时,它就摆出一副凌驾于人之上的态度,提出种种无理要求和条件,企图在谈判桌上谋求在战场上所得不到的东西。

当时,双方控制区基本上沿“三八线”稳定下来。但是,在谈判军事分界线划分问题时,美方代表却无理提出:“我们具有‘海空优势’,停战时必须把双方实力体现出来,我方的‘海空优势’必须在地面得到补偿。”

实际上,美方是要朝、中部队从“三八线”后撤,将朝中方控制的平壤、开城、元山以北一带 1.2 万平方公里的土地划给美方,这种荒谬的要求,理所当然地被朝、中方所拒绝。

因为达不到目的,美方就制造种种事端,企图破坏停战谈判。

2. 警卫排长姚庆祥遭突袭牺牲

停战谈判进行了 1 个月之后的 1951 年 8 月 10 日,谈判会场竟出现了十分奇特的现象:美方首席代表乔埃同我方首席代表南日面对面地坐着,相互盯着对方,一言不发,会场上鸦雀无声,这样僵持达 2 小时零 11 分之久。

美方继而蓄意制造事端,1951 年 8 月 19 日清晨,志愿军排长姚庆祥率领朝中方军警 9 人,按双方达成的关于中立区的协议,沿板门店由西向东巡逻,在中立区内松谷里附近,遭到侵朝美军和南朝鲜

在朝鲜开城善竹桥畔的姚庆祥烈士墓（黄继阳 摄）

李承晚军 30 多人的突然袭击，姚庆祥排长当场牺牲，战士王仁元身负重伤，高明亮、葛文举受轻伤，这就是美、李军枪杀中立区军事警察的"姚庆祥事件"。

姚庆祥是志愿军 47 军 139 师侦察营第 2 连的排长。朝鲜停战谈判一开始，即被调来开城中立区担任军事警察。他是山东省济东县人，工人出身。1945 年参加工作，1946 年加入中国共产党，在战斗、工作和学习中，多次立功受奖。姚庆祥遇害的消息传开后轰动古城开城，震惊朝鲜半岛。

事发后，朝中方向对方提出了强烈抗议。双方联络官到现场进行了调查，面对如山的铁证，对方联络官瞠目结舌，无言以对。

1950 年 8 月 21 日上午，朝中方在开城高丽小学举行了姚庆祥烈士追悼会。灵堂上悬挂着两副挽联，一副是：

　　　　　　　为保障对方安全反遭毒手，

　　　　　　　向敌人讨还血债以慰英灵。

另一副是乔冠华所作：

　　　　　　　世人皆知李奇微，

　　　　　　　举国同悲姚庆祥。

朝中停战代表团代表、志愿军副司令员邓华，朝鲜人民军前方司令部参谋长李相朝两位将军参加了追悼会，并致悼词。

邓华将军在悼词中说:"姚庆祥排长为了执行中立区警卫任务,为了争取实现朝鲜停战而牺牲了,他虽死犹荣。……作为一名停战谈判的代表,我发誓,坚决秉持我战友的遗志而奋斗。如果我们不能经过谈判而争得和平,那我们就必须用反侵略的斗争来赢得和平,以告慰逝者的英灵。"

姚庆祥烈士被安葬在朝鲜开城历史名胜善竹桥旁。

一波未平,一波又起,1951 年 8 月 22 日,美方又派飞机对朝中停战谈判代表团驻地和代表团车辆经过的公路,进行挑衅和轰炸扫射。

与此同时,美方为了对我方施加压力,在战场上又发动了"夏季攻势""秋季攻势",并以大量空军飞机对朝鲜北部地区进行狂轰滥炸的所谓"绞杀战",妄图用军事手段"打到联合国军代表团所要求的分界线位置",武力夺取开城。

我们的方针是,针锋相对,寸土必争。在我方义正词严地抗议、揭露和朝中部队的奋力反击下,美方的一切挑衅活动均告失败。仅在美方发动的"夏季攻势"和"秋季攻势"中,美方就付出了伤亡 10 万人的沉重代价。

在这样的情况下,美方才不得不于 1951 年 10 月 25 日重新回到谈判桌上来,并接受我方所提划分军事分界线的方案,即按当事双方实际控制线划分军事分界线。

朝中方谈判代表及时总结经验,认为美方不会就此善罢甘休,谈判将是一场旷日持久的斗争,今后政治斗争和军事较量还会反复交织在一起,斗争将是错综复杂、紧张激烈的。

接替乔埃任美方首席谈判代表的小哈里逊,是美国第九任总统威廉·H.哈里逊的直系后裔。小哈里逊当时任美国第 8 集团军参谋长,第 8 集团军是美国在朝鲜战场上的地面主力部队。作为谈判对手,小哈里逊同他的前任乔埃在对待谈判的态度和作风方面,并没有什么差异,所不同的是手法和花样不断翻新。

小哈里逊上任 10 天,竟 3 次建议休会。他感到不耐烦时,就在谈判桌上打哈欠,吹口哨,看手表。会议进入低潮时,他就飞快地念发言稿进行谩骂,以此来消磨时间,朝中方英文翻译和工作人员根本无法记录。

小哈里逊甚至还曾采用"逃会"的手法。

有一次双方代表按时来到板门店谈判会议桌前坐下后,小哈里逊先问我方代表:"有何新的想法?"

朝中方首席代表南日回答说:"没有。"

小哈里逊便说:"建议无限期休会,以便你方有时间作进一步考虑。"

南日表示:"我方坚决不能同意,你方要对中断谈判负责。"

小哈里逊听罢,一言不发,走出帐篷外面。美方其他人员也尾随其后,退出了会场。

3.一批生力军加入到朝中谈判代表团中

志愿军停战谈判代表团报请国内,紧急从外事系统、高等院校调集了一批高水平的英文干部、学生,还有从美国归来的在北京名牌大学任教的精通英语的教授、学者、专家,他们中的多数人都来到板门店,加强朝中代表团的翻译队伍,一少部分人去到碧潼充实俘管处的翻译力量。

1952 年 4 月的一天,北京清华大学化工系的系秘书找正在撰写毕业论文的冀朝铸谈话。

"你要求参加抗美援朝的申请已经得到批准,因为朝鲜前线,无论是志愿军战俘营,或是板门店停战谈判代表团,都急需再补充一大批专业干部和英文翻译,你赶快做准备。"

"太好了!"冀朝铸得到这个通知,既高兴,又激动。他抓紧完成了他的毕业论文,领到了毕业证书,换上志愿军的军装,加入到了中国人民志愿军的行列。

冀朝铸和一批知识青年直接被分配去板门店朝中停战谈判代表团工作。

这一批知识青年包括一些华侨知识青年和翻译人员,在安东(丹东)领到了两辆汽车,因而不必徒步行军。但是,他们都是头一次上前线,亲身感受到了战争环境以及通过"空中封锁线"的紧张气氛。

知识青年感叹地说:"我们能够平安地通过'封锁区',这要感谢两位司机。司机同志们那种勇猛顽强、坚韧不拔的大无畏精神,令人感佩,值得学习!"

知识青年们到达目的地板门店向志愿军停战谈判代表团报到时,受到了代表团的热烈欢迎。

志愿军停战谈判代表团柴成文秘书长说:"你们的到来,给代表团又增添了一批生力军。先安置下来,熟悉情况,准备投入工作。"

和代表团的同志们一样,冀朝铸等被安排住在帐篷里。伙食方面,已可吃到米饭、馒头,同前些时候相比,大有改善。战地生活怎能同在美国时的情况相比呢!"国家兴亡,匹夫有责。"冀朝铸经常用这句话来勉励自己。他在美国的时候,总是身在异乡,心系祖国。他常对战友们说:"我参加抗美援朝,就是来吃苦的。为了保家卫国,必要时将毫不犹豫地作出最大的牺牲,生活方面这点苦算得了什么!"

此时此刻,冀朝铸想得最多的还是工作。他被分配在代表团做英文速记、打字和翻译工作,怎样把工作做好,一开始他感到心里没有底。

风华正茂的冀朝铸,具有很多突出的优点:他怀着报效祖国的坚强意志和决心,熟悉对手美国的情况,精通英语,英文打字速度也很快。但是他也面临一些新的问题:在整个停战谈判过程中,关于战俘的安排,即双方遣返战俘问题,是一个关键问题,因此,需要熟悉战俘概况和在谈判中战俘问题的方方面面;他英语娴熟,而华文华语相对较弱;至于当前急需的英文速记,他一点也不会。

冀朝铸面对这些问题,不是畏难而退,而是知难而上。在战争环境里,在紧张的工作中,他利用各种机会和点滴时间,刻苦努力,废寝忘食,在干中学习,各方面都进展很快,就以英文速记来说,他同几个年轻的英文翻译在一起,设法从北京的旧书店买到几本《英文速记》的旧书刊,悉心钻研,互帮互教,弄懂速记原理,模写速记符号。冀朝铸从一点都不会,很快就学会了,并且运用自如,靠的就是勤学苦练。几位年轻人的全部时间都用在练习上,连吃饭、睡觉都在背速记符号,都在练习。熟能生巧。美方念稿速度一般为每分钟120 至 130 个英文字母,有几位年轻人英文速记的时速达到每分钟140 个字母,而冀朝铸最高速度竟达到每分钟 160 个字母。因此,在谈判桌上,美方代表的发言连同谩骂、无理取闹,都能一字不漏地速记下来,供朝中方代表研究,针锋相对地提出对策。正因为如此,冀朝铸很快就成为朝中代表团翻译组的速记主力之一,战友们还给他取了一个"雅号":首席英文速记员。

停战谈判进入到第 4 项议程,即"关于战俘的安排问题",首先碰到的问题,就是双方交换战俘资料。

朝中方交给美方的战俘名单资料准确、完整,名单包括战俘姓名、年龄、国籍、单位、军阶、军号等项目,使人一目了然。英、法虽然没有代表参加停战谈判,但英国认为朝中方提供的名单符合实际情况。法国感到很满意。美方惊奇地发现他们已经宣布"死亡"的 20 多名美军士兵,竟赫然出现在朝中方提交的战俘名单中。在事实面前,美方不得不承认"并未发现不符之处"。

然而,美方交给朝中方的战俘名单,仅有英文拼音名字,没有中、朝文名字,再有的就是美方编的战俘号码。除此以外,没有其他任何项目资料,简直是一笔糊涂账,使人根本无法核查。

更有甚者,美方代表竟对朝中方无理指责和讹诈说:"联合国军在战场上失踪 1.2 万人,南朝鲜(李承晚)军失踪 8.8 万人。你方的名单没有包括这些人在内,你们扣留了联合国军大批的被俘人员。"

朝中方谈判代表据理驳斥美方说:"美方被俘人员在火线和向后方转运途中,以及在志愿军战俘营里,被美军飞机轰炸、扫射而死的就有 726 人;另外,我方在火线陆续释放了一些,因重伤、重病医治无效死亡了一些。再说,你方的失踪人数并不等于我方战俘营中的战俘数,你方怎么能按在战场上失踪的数字向我方要人呢!"

一席话驳得美方代表理屈词穷,无言以对。

4."小范佛里特,你在哪里?"

在板门店,朝中方同美方的代表关于战俘安排即战俘遣返问题的谈判,正在紧张进行的时候,有一天,美方交来一份失踪美军官兵的"特别名单",他们是美国空军飞行人员范佛里特、辛兹、马哈林等,要求朝中方协助查找他们的下落。随后,美方又通过美联社记者同英国《工人日报》记者阿兰·魏宁顿及法国《人道报》记者兼巴黎《今晚报》记者贝却敌联系,再次向朝中方面转达了这项要求,言辞恳切。美联社记者还提供了名单上 3 人的详细情况:辛兹是美国空军第 51 联队上校副联队长;马哈林是美国空军少校"王牌飞行员",同戴维斯少校"王牌飞行员"(已被志愿军空军飞行员张积慧击落毙命)享有同等声誉;范佛里特是美国空军 B–26 型轰炸机的中尉驾驶员,他是侵朝美军第 8 集团军中将司令詹姆斯·范佛里特的儿子,夜间飞到物开里地区上空执行轰炸任务时没有返航。美联社的记者还说:"老范佛里特获悉儿子小范佛里特失踪的消息后非常焦急,他感到一定是凶多吉少,但又抱有一线希望。他常常低声叹息,喃喃自语地说,'小范佛里特,你在哪里?'"

这件事迅即反映到了朝中谈判代表团邓华和解方两位领导那里,考虑到这件事也许有利于打破反复出现的谈判僵局,从人道主义出发,领导层同意帮助美方查找"特别名单"上 3 名失踪人员的下落,并传话给老范佛里特将军,如果他们还活着,一定会同其他战俘一样,受到志愿军的宽大待遇的。

志愿军主管后勤工作的洪学智副司令员很快将查找小范佛里特等人的下落当作一项特殊任务布置了下去,同时志愿军各俘管团队也在进行细致地清查了解。

小范佛里特驾驶 B–26 型轰炸机被击落的物开里地区,是美国空军进行"绞杀战"的重点地区,这一带的空中较量异常激烈,美军飞机被击落击伤,极为频繁。许多美军飞机被志愿军空军飞机或地面高射炮火击中要害,在空中爆炸解体,美军飞行员往往来不及跳伞逃生,被炸得粉身碎骨的尸体连同飞机残骸的碎片一起,散落在深山野岭、方圆几十公里的地方,哪里找得到完整的飞行员尸骸。有些侥幸得以生还的美军飞行员,被俘后也及时转送到后方志愿军战俘营去了。

志愿军各俘管团队经过清查,也没有发现美方"特殊名单"上的战俘。

朝中方面查找的经过情况和结果经英国《工人日报》记者魏宁顿和法国《人道报》记者贝却敌转告了美方,老范佛里特对朝中方面认真仔细地帮助查找他儿子的下落,是感激和赞佩的。

这是关于战俘问题谈判中的一个插曲。

5.政治斗争和军事较量交织在一起

战俘遣返问题的关键在于是否遵守和执行《日内瓦公约》的问题。美方竟然把公认的国际公约扔在一边,而按自己的意志提出种种无理的要求。达不到目的时,就采取军事手段。因此,这一阶段谈谈打打,打打谈谈,政治斗争和军事较量交织在一起,错综复杂而且尖锐。

1929 年 7 月 27 日各国政府全权代表在日内瓦订立之《日内瓦公约》、1949 年 8 月 12 日修订《关于战俘待遇之日内瓦公约》第 118 条规定:"在实际战争中止,战俘应该毫不迟疑地释放并遣返。"第 7 条规定:"在任何情况下,战俘不得放弃本公约所赋予彼等权利之一部或全部。"

按照《日内瓦公约》的这些规定,交战双方应当全部遣返各自关押的战俘,这是明确无误的。

朝中方主张按照《日内瓦公约》精神,双方全部遣返各自所关押的战俘。

但是,美方却与《日内瓦公约》的精神背道而驰,提出"一对一交换""自愿遣返""不强迫遣返"等无理主张。原来美国侵略军在历次战役和战斗中,特别是在他们溃逃时,强行抓走了数以万计的朝鲜老百姓,包括男女老幼,以及大量的中国民工,甚至于还把在公海上捕鱼的朝鲜北部以及中国辽宁、山东等地的渔民也掳走了。

美方把这样的一些人都当作"战俘"关押在他们的战俘集中营里,这样朝中方面的被俘人员的数量,就显得比以美军为主的"联合国军"被俘人员数量大得多。美方企图扣留朝中被俘人员中的青壮年,将他们留在南朝鲜,或者送往台湾,补充和扩大南朝鲜李承晚军和台湾蒋介石军队,以便充当它们的帮凶和炮灰。

美方达不到目的时,竟然采取骇人听闻的残暴手段虐待和摧残朝中被俘人员。

6. 迫害与反迫害的斗争

美方在南朝鲜巨济岛的战俘集中营笼罩在一片白色恐怖之中,他们出动大批军警和情报特工人员强迫朝、中被俘人员就所谓自愿遣返问题表态,对谁愿遣返、谁不愿遣返进行非法"甄别"。他们甚至网罗一些特务分子冒充朝、中被俘人员混进战俘营中,对朝、中被俘人员横加迫害。有的朝、中被俘人员拒绝"甄别",要求遣返,竟被施以酷刑,割耳朵,砍手脚,在身上刺"反共抗俄"等字样。志愿军被俘人员蒋子龙,就因为坚持要求遣返,被美、蒋特务极端残忍地挖肝掏心,煮食人肉。美军随意对朝、中被俘人员进行血腥屠杀,大批朝、中被俘人员惨死在美军及特务分子的枪口和屠刀下。

巨济岛是朝鲜南部沿海的一个小岛,面积 300 多平方公里。岛上山石密布,一片荒凉,朝、中被俘人员中的大多数都被关押在这个与陆地隔离的"死亡之岛"上。

美国合众社记者于 1952 年初发自巨济岛的一则电讯说,巨济岛的"集中营中心变成了一个恐怖之岛""暴乱、酷刑、残杀在这里的俘房中交织成一幅恐怖的画面"。

据美联社报道，美军竟然拿朝、中被俘人员做细菌试验，许多朝、中被俘人员因此染上了疾病。

美国学者悉尼·D. 贝利（Syenney D. Bailey）所著《朝鲜的停战》一书中，也对美国在其战俘集中营中的虐俘暴行有所披露：

"（台湾）国民党当局的特务们也曾获准进入战俘营，并在战俘身上刺上反共的口号，使得他们选择遣返十分危险。联合国军的两名翻译（吴中尉和梅中尉）4 月 12 日向美国海军中将乔埃报告他们的第一手观察'战俘甄别'的情况：在（台湾）国民党人控制营内，'甄别绝不是让战俘们表达真实的选择'。

"特务头目们让那些想要回家的战俘们站出来，那样做的人不是被打得遍体鳞伤，就是被处死。吴中尉和梅中尉也谈到他们在观看志愿军战俘在'遣返回国'或'去台湾'之间进行抉择时，相信绝大多数的战俘被吓得不敢坦率地表达他们真实的选择。在回答问题时，他们只能一遍又一遍地重复说'去台湾'。

"事实上，从台湾来的确切人数约 75 人，美国驻南朝鲜大使约翰·穆克西亚（John Muccia）认为，他们是'蒋介石的盖世太保队员（招募来当翻译或审问者）……'"

另据西方媒体透露，1952 年 2 月 28 日，美国军队将巨济岛战俘营中约 5000 名战俘包围起来，强行"甄别"，朝、中被俘人员拒绝非法"甄别"，美军竟开枪对手无寸铁的朝、中被俘人员进行血腥镇压。据红十字会国际委员会的报告，战俘死伤 370 人。

1952 年 3 月 17 日，美军在巨济岛又挥起屠刀，朝、中被俘人员死 12 人、伤 26 人。

美方还公然强迫志愿军被俘人员充当他们的特务鹰犬，志愿军被俘人员张文荣便有过这种遭遇。

张文荣，1937 年出生于辽宁省辽中县的一个农民家庭。原在国民党军校第 23 期通信兵科学习，1949 年底在四川省成都起义，1950 年转入中国人民解放军西南军政大学川西分校学习。毕业后被分配到第 60 军 180 师任报务员，1950 年随军入朝。

　　1951 年 5 月 29 日,张文荣在一次战斗中与部队失去联系,不幸被美军俘获,他被关押在南朝鲜巨济岛战俘营。1951 年 7 月 14 日,美方强令张文荣等 30 多名志愿军被俘人员到釜山美军情报机关,随后将他们送往日本东京美国远东军总部的情报学校,进行情报学、武器学、欺骗学、跳伞学等特务课程的训练。

　　张文荣等表露出不愿充当特务走狗去干背叛祖国的坏事,一个名叫威廉·戴维斯的美军中尉立即训斥说:"现在你们已经不是战俘,而是'联合国军'的情报员了。"

　　志愿军被俘人员王善当即表示:"我什么工作也不干,等战争结束了,我要回中国去!"

　　美国情报学校副校长、美籍日本人水野勃然大怒,恶狠狠地说:"到了这里,就由不得你了!"

　　王善说:"我死也不做违背良心的事!"

　　王善立即被美方军警押走,从此不知下落。

　　美军情报学校的特务们还经常威胁说:"你们要认清这是什么地方。你们谁要不想干绝不会有好下场!"

　　经过短期训练后,他们被送往汉城派遣队。这个机构是专门以空降、海岸潜入、火线潜入等方式,派遣特务人员到朝鲜北部,搜集中、朝军事情报和美军进行细菌战的效果等资料的。

　　1952 年 2 月 19 日,张文荣等 5 人被挑选出来强令编成一个组,登上一架美军 C-46 型运输机,由 12 名美军押送,在朝鲜北部谷山一带空降,执行"潜入任务"。

　　张文荣在跳伞前就解开了美军特务机关发给的手榴弹盖,他暗自下定决心:"将飞机炸掉!"并告诉 4 个同伙:"你们先跳伞,我最后跳。"

　　张文荣在跳出机舱时,一只手拉住伞带,另一只手将手榴弹投向机舱。一声巨响,美军 C-46 型运输机当即被炸毁,驾驶员和一个班的美军或被炸死,或是连同机体坠落在地摔死,仅美军跳伞长哈里斯上士在飞机爆炸前跳伞着陆,被志愿军俘获。

　　张文荣跳伞落地后,立即投向当地的志愿军部队,揭露并控诉美方强令志愿军被俘人员接受特务训练、强行派遣到朝鲜北部地区进行特务活动和搜集情报等的事实。

　　张文荣回到祖国后,为了表扬他的爱国正义行动,有关部门特地奖励他 800 元人民币,并给予转业安排工作的待遇。

7.俘虏的俘虏

　　美方的野蛮暴行激起了朝、中被俘人员无比愤怒,他们忍无可忍,群起反抗斗争,一举将巨济岛战俘营司令弗兰西斯·杜德准将抓获,关押在战俘营里,使这个美国将军成了"俘虏的俘虏"——这就是震惊世界的"杜德事件"。

　　在南朝鲜巨济岛的美军战俘集中营里,志愿军被俘人员为抗议美军的虐俘暴行而举行的示威游行和绝食斗争连续进行了 3 天,志愿军被俘人员代表坚持要同杜德准将举行面对面的谈判。

　　据志愿军归来人员讲述,1952 年 5 月 7 日下午,杜德准将终于在一个排的武装部队警卫下,由美军雷边中校及一名副官陪同,乘坐防弹装甲车来到 76 号集中营的大门口,隔着紧闭的大门,同 76 号集中营的代表谈判。正在这时,一队抬着粪桶的志愿军被俘人员来到大门口,大门打开了。突然,几个敢死队员冲出大门,将杜德准将抓进营内,大门立即被用铁杠拴住了。

　　一切都来得如此突然,杜德将军还没有意识到究竟发生了什么事,他本能地挣扎着喃喃地呼喊:"Save me! Save me!"("救救我!救救我!")勇士们紧紧地抓住他的四肢,迅速地将他抬离了现场。

　　在集中营门口的上空,立即出现了一个巨幅横标:"我们生俘了杜德准将,我们同他谈判结束后,就将他安全地交还你们。如果你们胆敢开枪,杜德准将的生命将难保。"

　　警报声凄厉地响了起来,集中营的美军警卫部队乱作一团。坦克车、装甲车、全副武装的军警,把整个 76 号集中营团团包围了起来,武装直升机在营地上空盘旋。

由杜德将军签署的一项命令被从集中营内送了出来,交给了美方:"我命令,为防止事态扩大,并确保我的安全,绝对禁止开枪。我同意立即召开全岛朝、中战俘代表大会,协商解决问题。即令怀特上校将代表们接来,并将武装部队适当撤离 76 号战俘营。"

这道命令发出后,杜德准将感到松了一口气。

志愿军被俘人员在集中营内中心广场上专门给杜德支起了一顶新的帐篷,里面放了一张行军床、一张办公桌,地上铺了军用毛毯,还用白布间隔了一个洗手间。志愿军被俘人员代表进入帐篷去察看杜德准将时,他正躺在行军床上,头枕在双手上,陷入沉思之中。

"将军阁下,你觉得这个临时住所怎么样?"志愿军被俘人员问。

"是的,我确实看到了你们共产党人对待俘虏是讲优待的。"杜德准将起身回答。

"你了解这一点很重要。"志愿军被俘人员代表说。

"是的,你们给我上了很好的一课!"杜德准将深有所感地说。

"好吧,咱们在代表大会上再继续讨论吧。再见!"志愿军被俘人员代表走出了帐篷。

"再见!"杜德准将起身相送。

就在杜德准将被扣押的第二天,即 1952 年 5 月 8 日,美国军方任命第 1 军柯尔逊准将接替杜德为美军战俘集中营司令。

会场里响起了电话铃声。

"我是柯尔逊准将,请杜德将军接电话。"

"我是杜德,请你指示。"大会代表将电话筒递给了杜德。

"杜德将军,你好!我是柯尔逊,你夫人从东京来了,她要我问候你,她老是哭哭啼啼。"

"谢谢你来电话,柯尔逊将军。请转告我夫人,我很好,不必挂念!"

"将军,请告诉我,他们真的没有伤害你、侮辱你吗?我是十分担心的。"

"我原来也不相信他们会尊重我的人格,但现在事实使我不得不相信这是真的。"

"啊!这就好了。他们打算什么时候释放你?我准备随时为你效劳。"

"我想,大会结束后会释放我吧。你唯一能帮助我的,就是让代表大会顺利结束,不要强求他们。谢谢你的关心。"

1952年5月8日、9日,在76号战俘集中营里连续举行了两天的中、朝被俘人员代表大会。

会场设置在集中营内的另一顶新架起的帐篷里,帐篷正中摆放的桌子上铺着军毯。17个战俘集中营的43位朝、中被俘人员代表坐在周围的两排长凳上,大会主席的正面便是杜德准将,他坐在那里显得很沮丧,已不是两天以前那种傲慢姿态。

在大会上,中、朝被俘人员代表列举大量事实,愤怒揭发控诉美方残酷迫害和虐杀中、朝被俘人员的种种罪行。与会人员悲痛万分,声泪俱下。

杜德站立起来用颤抖的声音说:"我,我有责任!"

大会主席请杜德坐下,并说:"我们是共产党教育下的战士,我们绝不会用你们对待我中、朝被俘人员的手段来对付你的。"大会主席说:"我们相信美国人民是坚决反对美方残酷虐待中、朝战俘的,美国人民是要同中、朝人民友好相处的。"

杜德表示:"感谢代表们的发言。我将终生不忘这些宝贵的教诲,我愿尽力弥补我的过失。"

代表大会提出了《朝中战俘代表大会向全世界人民的控诉书》,并提出了释放杜德准将的4项条件:

(1)美方停止对战俘的一切暴行;

(2)停止搞所谓"自愿遣返";

(3)停止搞强迫"甄别";

(4)承认中、朝战俘代表团的合法性,并予以合作。

杜德准将在文件上签了字,代表大会在一片掌声中胜利结束,杜德也鼓了掌,紧接着举行了祝捷大会,围坐在会场外声援的7000多名战友一片欢腾。会场内外唱起了《人民军战歌》《朝鲜游击队歌》《中国人民志愿军战歌》,3位朝鲜女代表还合唱了《春之歌》,跳起了舞。

美方在国际上及美国国内的同声谴责和强大压力下,被迫同意用和平的方式解决其战俘司令被扣事件。美国军方撤销了杜德准将的职务,新上任的美军战俘集中营司令柯尔逊准将于1952年5月10日中午回信表示,同意关于释放杜德准将的4项条件。柯尔逊将军并发表声明说:"今后我将尽最大努力防止暴行和流血事件,如果今后再发生这类事件,由我负责。"

也就在同一天,即1952年5月10日下午,美方宣布上任仅3天的柯尔逊准将被撤换,由波特纳准将继任巨济岛美军战俘集中营司令,关于释放杜德准将的谈判最终达成协议。据此,朝、中被俘人员代表团随即释放了杜德准将,波特纳准将在收条上签了字,收条如下:

今收到由朝、中战俘代表大会送还的一名美军将军——杜德准将。经检查,杜德将军阁下没有任何受侮辱与受损害的迹象。特此证明。

美军巨济岛司令官 R. 波特纳

1952年5月10日

"杜德事件"使美国当局极为尴尬,美国政府发言人懊丧地说:"这件事使美国在紧要关头在东方丢尽了脸,使正直的美国人感到羞辱。"美国各地群众纷纷集会游行,谴责美军在朝鲜的虐俘暴行,要求停止朝鲜战争。美方首席谈判代表乔埃海军中将(此后换为哈里逊担任)也不得不承认:"巨济岛(杜德)事件使我们变得愚蠢了。"

然而,美国当局并没有因为"杜德事件"而变得"聪明"一些。

上甘岭,侵朝美军的"伤心岭"

1. 又一场恶战如箭在弦

美国方面在谈判桌上得不到的东西,总是想从战场上捞回来。那些迷信武力的美国"鹰"派先生们狂妄地宣称:"让飞机、大炮、机关枪去'辩论'吧!"此后,美军发动了无数次的军事挑衅、战役、攻势,其中最猛烈的攻势之一要数"金化攻势"。上甘岭就在金化地区,我方称为"上甘岭战役"。

上甘岭位于金化以北的五圣山南麓约4公里处,是开城东北部的一个山村。

五圣山海拔1061.7米,俯瞰兔山、金化、平康地区,是通往东海岸公路交通的要冲,南距"联合国军"侵占的金化仅7公里,是我志愿军中部战线的战略要地,也是朝鲜中部地区平康平原的天然屏障,以秦基伟任军长的志愿军第15军在五圣山掘壕据守。五圣山的前沿即上甘岭地区有两个山头:597.9高地、537.7高地北山,对金华地区之敌的防线构成直接威胁。

美方先后投入美军第7师、空降187团,南朝鲜李承晚军第2、8、9师,埃塞俄比亚营,哥伦比亚营,大炮300余门,坦克170余辆,出动飞机3000余架次,总兵力达6万余人,企图首先夺取我志愿军部队驻守的上甘岭地区597.9高地和537.7高地北山,继而夺取五圣山,妄想在我志愿军防御部队的中央平康地区平原打开一个缺口,利用其机械化部队的优势,继续向北进犯,借以为美方在谈判桌上捞取一些筹码。

我志愿军先后投入第 15 军、第 12 军以及一部分炮兵、工兵、高射炮部队等,总兵力 4 万余人。士气高昂的志愿军部队干部、战士凭借固若金汤的坑道工事网,不畏强敌,坚守阵地。

一时间,五圣山头,上甘岭地区,乱云飞渡,山雨欲来,又一场大战、恶战,如箭在弦,一触即发。

参与编制对敌传单的美术工作干部周光玠等两位战友,经过领导批准,拟从志愿军总部所在地桧仓出发,前往上甘岭地区了解瓦解敌军工作开展情况,体验战地生活。他们到了志愿军第 15 军部,有关领导告知:"敌人即将发动'金化攻势',即上甘岭战役,你们两位只能去师部看看。"周光玠二人由两名警卫战士护送到了师部,师部的有关领导对周光玠二人说:"战斗一旦打响,战场形势瞬息万变,那时作战部队恐怕很难周全地照顾你们。你们是领导机关派来的,我们必须对你们的安全负责。因此,绝不能再往前去了。"一席话把他们说服了。为了避免给战斗部队增加额外负担,周光玠二人不仅没有到连、排、班,就是营、团指挥所也没有去成。

正当上甘岭战役(1952 年 10 月 14 日至 11 月 25 日)在激烈拼搏时,碧潼志愿军战俘营的战俘"奥运会"(1952 年 11 月 15 日至 27 日)也在热火朝天地进行中。为了了解大战役中我志愿军部队在给予敌军军事打击的同时,对敌开展政治攻势以瓦解敌军的情况,笔者和张连仲科长也从碧潼赶往志愿军总部桧仓,打算转往上甘岭前沿阵地。鉴于周光玠两位战友的情况,不得不向领导报告,改变原来的行动计划。结果是,既没有目睹那特殊的"战俘"奥运会的热闹盛况,也没有亲历"上甘岭战役"血与火的战斗场景。我们居住在志愿军总部有如迷宫般的巨大山洞里,夜晚在山洞里睡觉,白天在山洞里工作。我们密切注视着上甘岭战地每时每刻的情况变化,只是开饭时下山去吃饭。一天早上,我和两位战友下山吃过早餐,正上山返回山洞去。爬到半山腰,突然美军飞机分批来袭,我们赶紧就地卧倒。敌机又扔炸弹,又打机关枪。子弹打在我们身旁,溅起一片尘土。一个燃烧弹落在离我们五六米远的地方,但是没有爆炸燃烧。敌机遁去之后，我们毫发无损地站起身来，拂去身上的灰土，继续往山上攀登，若无其事一般，因为我和张连仲科长加上司机同志3人已都不是头一回经历这样的险情了。

2.双方对两山头地表阵地反复争夺

1952年10月14日凌晨，上甘岭战役打响了。敌军对我上甘岭地区的两个山头阵地连续发起猛攻，遭到我志愿军防守部队的英勇还击。敌我双方对两个山头的地表阵地进行反复争夺，战斗极为惨烈。

在战斗中，敌军采用炮轰、飞机炸、烟熏、堵塞、爆破、断水甚至于释放毒气等等卑劣手段，对我坚守坑道的志愿军部队实行封锁和攻击。

我坑道的防御部队粮弹补给困难、缺水、空气污浊，在这样极其恶劣的条件下，不畏艰险，不怕牺牲，紧密团结，英勇奋战，一次又一次阻止了地表之敌接近坑道，在我志愿军纵深部队和炮兵的有力支援下，取得了一个又一个的胜利。并且，我志愿军守坑部队发挥自身之所长，采用冷枪狙击、夜战近战、迂回包抄等奇袭战术，主动出击，打击和消灭敌军，很有成效。志愿军214团8连狙击手张桃芳，在32天的单兵作战中，用442发子弹，歼敌214名。美军著名的狙击手艾克上校，也倒在了他的枪口下。我坚守597.9高地1号坑道的一个连，冷枪狙击敌军，3天之内歼敌115名。我防守部队组成20多个分队，9天之内夜晚出击150余次，歼敌2000余人，敌军终日惶恐不已，我志愿军达到了确保坑道安全、歼灭敌军有生力量的目的。

3.对连队进行政策教育的重要性

战友张仲达于1953年1月1日随部队接防上甘岭阵地。当时他在五圣山顶的团部政治处工作，经常同敌工干事到连队对指战员进行瓦解敌军和宽待俘虏的教育，这是落实此项政策的重要一环。

每当我作战部队打了胜仗抓俘虏，战士们就格外来劲儿。但是如果一不小心，就会吃亏上当。有一次，在战斗中进行火线喊话，劝告敌军官兵投降。一个美军士兵将枪挂在脖子上，举起双手，从地堡里走了出来。我战士刚要上前，一梭子弹打了过来，造成了伤亡。针对这一血的教训，对干部、战士进行教育时，必须强调指出，对敌喊话一定要配合军事打击，选择敌军被我包围、敌军处于极为不利的时机才能进行，一定要提高警惕，防止诈降。

有战士错误地认为，敌我语言不通，不管三七二十一，开枪打死算了，省得麻烦。因此，无论是作战部队，或是后勤人员，平时都要学习几句英语短语，例如"放下武器""缴枪不杀""志愿军宽待俘虏"，等等。战士们一般都学会了三五句英语短语，有的战士学会了十多句。文化水平低的战士学习起来比较困难，有些战士采用汉语注音的办法来学，却也解决问题，在实战中应用，敌军官兵还是听明白了，但见敌人一个个把枪支丢在地上，举起双手向我部队投降。

有的战士押送战俘下战场，担心他们逃跑，问能否将俘虏捆绑起来。针对这个问题，我们对部队在进行政策教育中，除耐心地讲解为什么不能捆绑的理由之外，还采取一些措施：作战部队的连成立敌工小组，排班各有一名敌工人员，负责贯彻政策，维护战地纪律。对敌工作人员还都携带有小礼物袋，装着英文传单和简单的食品。凡有战俘不听指挥、不肯走路时，就给他们看传单；对受伤的战俘给予包扎，伤重者包扎好后放在路边安全的地方，敌军来接时，我方也不开枪射击。我们这样做，影响很大，战俘们普遍称赞："志愿军宽待俘虏，是真的。"

4."上甘岭精神"代代传

历时 43 天的上甘岭战役，敌我双方在 3.7 平方公里的狭小地带，均投入了大量的兵力和武器装备。敌军发射的炮弹达 190 余万发，最多一天就发射炮弹 30 余万发。敌军飞机投掷的炸弹达 5000余枚，最多时一天投弹就有 500 余枚。"上甘岭的两个山头被削平了两米，山上的石土被轰击成一米多厚的粉末，走在高地上就像踩在灰土堆上一般，松土没膝。整个高地不仅树木光了，就连草根也找不到。"

我志愿军前线部队也向敌军阵地发射炮弹40余万发。士气高昂的志愿军战士凭借坚固的坑道工事，坚守阵地，击溃了美国侵略军无数次的进攻与反扑，终于在1952年11月25日敌军以惨重的伤亡结束了它发动的"金化攻势"，即"上甘岭战役"，我志愿军部队取得了毙、伤、俘敌军官兵2.5万余人，击落击伤敌机270余架，击毁、击伤和缴获敌火炮102门，击毁敌坦克41辆的重大战绩。这是一个了不起的辉煌胜利，这一仗同整个抗美援朝对敌作战的战役战斗一样，打出了中国人民的志气，打出了我人民军队的威风。志愿军防御部队不畏强敌、不怕牺牲、英勇战斗、夺取胜利的"上甘岭精神"，激励着一代又一代的中国青年和全中国人民。

我志愿军部队在上甘岭的防御战和阵地战中，英勇抗击武装到牙齿的强敌，取得了最后的胜利，这绝不是偶然的。

美联社记者报道说："虽然联合国军的飞机大炮已将（上甘岭）山头炸得不成样子，中国军队（志愿军）仍然筑成了一条钢铁防线。"

美国学者评论说："美军在朝战中一再失利，不但在战役初期遭受突袭时失利，在中后期两军对垒攻防中，也是胜少败多。这就只能得出一个令人很不舒服的结论——装备占优的美军在战场上的作战表现不如中国军队。"

美国的有识之士则直截了当地说："联合国军遇到的是第一流的军队。中国人纪律严明，指挥有方，令人吃惊，使人感佩。"

5. 从战争中学习战争

在上甘岭战役中，坑道工事发挥了不可替代的作用。为了防空、防炮，我志愿军战士起初在山上挖了一些"猫耳洞"，后来将两个以上的"猫耳洞"联接起来，形成了相互贯通的"V"型、"U"型或"W"型的坑道工事网，俨然是一座地下迷宫，成了坚不可摧的"地下长城"，进可攻，退可守，不怕敌人轰炸、水淹、毒气熏。而我防守部队则可随时组织火力,主动出击,歼灭敌军的有生力量,机动灵活,这是我机智勇敢的志愿军战士"从战争中学习战争"所取得的一项重大的创造发明。事实证明,这种坑道工事是我志愿军防御部队在同武装到牙齿的敌军作战,并战而胜之的好办法,受到志愿军高层领导的充分肯定和高度赞扬。

志愿军领导层是众所周知的坚强、团结、严格遵循中共中央,中央军委的指示命令的领导集体。

在我志愿军出国作战之初,就有一种论调忧心忡忡地说:"现代化战争是比钢铁,我们缺钢少铁,只有小米加步枪,这仗怎么打?"

上甘岭战役证明,这仗不仅能打,而且打赢了。这次战役既是一次阵地防御战,也是一场打钢铁、拼后勤的现代化战役。在43天的对敌作战中,我志愿军防御部队平均每天约需物资弹药120吨。一个团作战,需要2个团运送作战物资,并且往往要穿越十几道、几十道敌军的封锁线。然而,不管敌人怎样设置层层火力网,实行严密封锁,我志愿军后勤运输部队战士还是千方百计地将武器弹药和作战物资源源不断地送上前方,从而保证了作战部队打胜仗。

彭总在评价我志愿军后勤工作时说:"志愿军在朝鲜战场打胜仗,一半归功于前方浴血奋战的同志,另一半归功于负责维护交通、保证供应的同志。"

《停战协定》终于签订

1. 双方首席代表签字用了 10 分钟

1953 年 7 月 27 日，这是举世期盼的一个日子，也是令人难忘的一个日子，朝鲜战争打了 3 年零 1 个月又 2 天，停战谈判谈了 2 年零 17 天，马拉松式的各种大小谈判会议开了 1076 次，双方终于要在这一天签署停战协定了。

签字地点设在板门店谈判会场区中央的签字大厅，这是朝中方面特地为停战协定签字用一星期时间赶工兴建起来的一座东方式建筑。

最初，美方要求签字大厅的设计呈"十"字形，朝中方不同意，因为南朝鲜李承晚最早就放风说要派特务进行破坏。为便于监督和控制，朝中方面提出设计呈"T"字形。美方同意，放弃了他们原来的意见。

签字大厅的上方，朝中方装饰了一幅毕加索的和平鸽，美方硬说这是"共产党的宣传"。既然美方忌讳，朝中方考虑，签字在即，避免节外生枝，因而也不坚持，同意美方要求，将和平鸽取了下来。

在签字大厅内，横排着两张准备双方代表签字用的长方形桌子，中间用另一张桌子隔开，签字桌子正面凸出部分为新闻记者和观礼人员的活动区。

美方首席代表的签字桌上，摆放着一面联合国的旗子。原来，1950 年 7 月 7 日，在联合国安理会 5 个常任理事国中的两个，即苏联缺席、中国的席位被蒋介石集团窃据的情况下，美国操纵安理会通过非法决议,同意由美国纠集 16 国军队,而以美国为主组成的"联合国军",使用联合国的旗帜,由美国派人担任"联合国军"总司令。

早在 1951 年 7 月 10 日停战谈判开始的头一天,双方代表刚一坐下,美方就拿出一面联合国的旗帜摆放在桌子上。朝中方事先没有准备,于是赶紧请朝鲜开城地方政府送来一面朝鲜民主主义人民共和国的国旗,下午就摆放在朝中方谈判代表的桌子上。这种做法,以后在各种场合都沿袭了下来,成了惯例。这是符合实际情况的。有人问:"为什么会场上只有朝鲜的国旗,而没有中国的国旗?"因为"抗美援朝",中国是以中国人民志愿军而不是以国家名义参战的,因此,无论是在会场上,还是在战场上,都没有正式出现过中国的国旗。

《停战协定》文本有两种,一种是《停战协定》,一种是《临时补充协定》。两种文本均用中、朝、英 3 种文字写成,3 种文字的文本同等有效,双方代表要在总共 18 份文本上签字。

《停战协定》经过整整两年的准备和推敲,文字严谨流畅,确实是第二次世界大战以来最重要的协定之一。文本由双方各准备一份,内容经过反复校对,保证连一个标点符号都没有错。

《停战协定》共分 5 条 63 款,并有附件和附图。主要内容如下:

确定以北纬 38 度附近的双方实际接触线为军事分界线,双方各由此线后退 2 公里,以建立非军事区;双方停止一切敌对行动,并规定从此地区撤出一切军事力量;停止自朝鲜境外进入增援的军事人员、武器和弹药,由中立国监察委员会进行监督和视察;协定生效 60 天内,双方直接遣返坚决要求遣返的战俘,其余战俘交由中立国遣返委员会处理;建议在协定生效后 3 个月内召开高一级的政治会议,协商从朝鲜撤出一切外国军队及和平解决朝鲜问题等事项。

签字大厅约可容纳 300 人。大多数是世界各国的新闻记者和摄影师,一小部分是双方的观礼代表。

朝中方参加观礼的人员有:志愿军停战谈判代表团党委副书

记、志愿军政治部副主任杜平，志愿军第 19 兵团副司令员兼参谋长曾思玉，志愿军后勤部副部长张明远，志愿军第 68 军政委李呈瑞，以及张香山、王焰等，共约 30 人。

这个盼望已久、激动人心的时刻终于来到了。

1953 年 7 月 27 日，9 时 50 分，双方的观礼代表和工作人员入座。所有人员都是空手，唯有英文干部冀朝铸和杨冠群两位带着纸夹，以备双方谈话做记录之用。

10 时，朝中停战谈判代表团首席代表南日大将、"联合国军"停战谈判代表团首席代表哈里逊中将，来到签字大厅，双方按各自的位置就座后，在各自的参谋人员协助下，相互在事先准备好的 18 份文本上签字。整个过程共用了 10 分钟，平均每份文本双方签字共用了 3.33 秒钟。全世界汇集在这里的几百名新闻记者和摄影师，用自己手中的笔、照相机、摄影机，记录下了这个历史性时刻。

美方首席代表哈里逊中将自始至终表情呆滞，双方首席代表在签完字后没有说一句话，也没有握手，更没有互相看一眼，就站起身来，离开会场。

按照双方事先达成的协议，为确保安全，18 份《停战协定》文本，在板门店由双方首席代表签署后，再分别送到汶山、平壤和开城，由双方司令官签字。

在板门店双方首席代表签字的当天，"联合国军"总司令、美国陆军上将马克·克拉克，在美军前进基地汶山签了字，他感慨地说：

"我执行政府指示，我获得了一个不值得羡慕的名声：我是美国历史上第一个在没有取得胜利的停战协定上签字的司令官。我感到一种沮丧的心情，我的两位前任，麦克阿瑟和李奇微将军，也会有同样感觉的。"

与汶山美方沮丧的情况相比较，我方最高司令官在平壤和开城签字时那种隆重热烈、喜气洋洋的场景，与之形成了鲜明的对照。

在板门店签字的当天，平壤举行了隆重的签字仪式，金日成元帅由朝鲜的南日大将在场协助，签署《停战协定》。

第二天,即 1953 年 7 月 28 日在开城新建的签字大厅松岳堂,中国人民志愿军司令员彭德怀在《停战协定》上签了字。志愿军停战谈判代表团领导人李克农和乔冠华,出席了签字仪式。

至此,第二次世界大战以后东西方之间最激烈的一次较量,正式宣告结束,《停战协定》完成了它的法定手续。

2. 开城一片欢腾

顿时,开城街头,欢乐的鼓声、歌声、鞭炮声响成一片。人们穿着节日的盛装,举着金日成、毛泽东的画像,欢呼雀跃,游行庆祝《停战协定》的签署。

晚上,志愿军代表团在开城举行庆祝晚会,彭德怀司令员、朝鲜人民军崔庸健副司令员,在志愿军代表团党委副书记、志愿军政治部副主任杜平等的陪同下,走进晚会会场时,全场响起了热烈的掌声。彭总挥动军帽向欢腾的群众致意,并兴奋地大声说:

"全世界人民渴望的朝鲜停战,现在实现了!……"

已参加到志愿军开城停战谈判代表团行列的上海越剧团,由著名越剧演员徐玉兰、王文娟等演出越剧《西厢记》,更增添了晚会的欢乐气氛。

3. 朝鲜人民军、中国人民志愿军的命令和公报

两天来,开城重要路口的扩音器里,不停地播出金日成元帅和彭德怀司令员下达的停火命令。

朝鲜人民军全体同志们,
中国人民志愿军全体同志们:

朝鲜人民军和中国人民志愿军经过 3 年抵抗侵略、保卫和平的英勇战争,坚持了两年争取和平解决朝鲜问题的停战谈判,现在已经获得了朝鲜停战的光荣胜利,与"联合国军"签订了《停战协定》。

《停战协定》的签订,是以和平方式解决朝鲜问题的第一步,因而是有利于远东和世界和平的。它获得了朝、中两国人民的热烈拥护,使全世界爱好和平的人民受到莫大的鼓舞。

在《停战协定》生效之际,为了保证朝鲜停战的实现和不遭破坏并有利于政治会议的召开,以便进一步和平解决朝鲜问题起见,我们发布命令如下:

一、朝鲜人民军和中国人民志愿军的陆军、空军、海军、海防部队全体人员,应坚决遵守《停战协定》。自 1953 年 7 月 27 日 22 时起,即《停战协定》签字后的 12 小时起,全线完全停火;在 1953 年 7 月 27 日 22 时起的 72 小时内,即《停战协定》生效后的 72 小时内,全线一律自双方已经公布的军事分界线后撤 2 公里,并一律不得再进入非军事区一步。

二、朝鲜人民军和中国人民志愿军的陆军、空军、海防部队全体人员,应保持高度戒备,坚守阵地,防止来自对方的任何侵袭和破坏行为。

与此同时,扩音器里传出了朝鲜人民军最高司令部和中国人民志愿军司令部在《停战协定》签订当天发表的公报:

朝鲜人民军最高司令部
中国人民志愿军司令部公报

自 1950 年 6 月 25 日至 1953 年 7 月 27 日全面停战为止,共毙、伤、俘敌军 1,093,839 名,其中美军 397,543 名;击落、击伤和缴获敌机 12,224 架;击毁、击伤和缴获敌军坦克 36,064 辆;击毁、击伤和缴获敌军各种炮 7695 门;击沉、击伤敌军舰艇 257 艘。

4. 美国一些高级军官的不同命运

在此,不妨就美国的一些高级军官的不同命运汇集起来也作一简单的回顾。

(1)道格拉斯·麦克阿瑟(1880—1964),美国陆军上将,二战的反法西斯英雄。美国入侵朝鲜,担任"联合国军"总司令,走向反面。他认为,有他麦克阿瑟在,中国就不敢派兵跨过鸭绿江。他力主挥师北上,把美国侵朝战争扩大到中国的东北地区,并叫嚷"(1950年)感恩节前占领全朝鲜,饮马鸭绿江"。他狂妄地宣称:"3 个月内结束朝鲜战争,美军官兵可以回家过(1950 年)圣诞节。"及至中国人民志愿军入朝参战,侵朝美军连吃败仗,损失惨重,美国内部及其盟国之间矛盾严重加剧。1951 年 4 月 11 日,志愿军发动的第四次战役正在激烈进行时,好战的败将麦克阿瑟就被美国总统杜鲁门撤职,灰溜溜地返回美国去了。

(2)沃尔顿·沃克,美国陆军中将。二战中驰骋欧洲疆场,也曾屡建战功。1950 年 7 月 13 日,沃克受命出任侵朝美军第 8 集团军司令,走向反面,参加了"在错误的时间、错误的地点、发动的一场错误的战争"。在我志愿军发动的第二次战役中,沃克率部在较量中惨败。当时,美方只说他死了,怎样死的没有说。美国在纪念朝鲜战争 50 周年时,一家美国刊物才道出了它的原委。原来沃克所部在溃败中,在朝鲜北部山多湖多的狭小地带,车挤车,人挤人,乱作一团,高度机械化部队的负面效应发挥得淋漓尽致。沃克中将所乘的吉普车就是在这样极度混乱的情况下,被自己部队的军用 10 轮大卡车撞毁而丧生的。这是美军在侵朝战争中惨死的一名将军,他死得并不光彩,这大概就是美国当局和军方都默不做声的原因吧!

(3)布莱恩特·穆尔,侵朝美军第 9 军军长。1951 年 2 月 25 日,穆尔"在指挥其部队作战时,坠机身亡",这是美军在侵朝战争中丧生的又一名高级军官。至于飞机是怎样坠落的,是被对手击落,还是发生机械故障坠落的？是坠落在对方阵地,还是坠落在己方阵地？是机毁人亡,还是伤重不治而亡,等等,等等,美方没有细说,用当今西方有些人的"时尚词令"来说,就是"缺乏透明度"。不过有一点是可以肯定的:大概也是死得并不光彩,还是少说或不说为妙。否则,还要夸奖他"以身殉职",给他"隆重授勋"一番,这已成了他们的一贯做法。

(4)佛兰西斯·杜德,美国陆军准将,侵朝美军战俘营司令。美国虐杀朝、中被俘人员的残暴行径,激起了美方战俘营中我方被俘人员的无比愤怒,奋起斗争,巨济岛76号战俘营的志愿军被俘人员一举将美军战俘营司令杜德准将抓获,使这位美国将军成了"俘虏的俘虏"。中、朝被俘人员在营内开了两天的大会,控诉美方残酷虐杀战俘的罪行,并提出释放杜德准将的4项条件。美方在国际上及其国内的强大压力下,同意用和平方式解决其战俘司令被扣事件。美国军方撤销了杜德准将的职务,另派柯尔逊准将接替。美国当局发言人说:"这件事使美国在紧要关头在东方丢尽了脸。"美方停战谈判首席代表乔埃海军中将则说:"巨济岛(杜德被扣)事件使我们变得愚蠢了。"

(5)柯尔逊,美国陆军准将。杜德被撤职后,柯尔逊被任命为美军战俘营司令。他上任后于1952年5月10日中午给中朝被俘人员回信表示,同意关于释放杜德准将的4项条件,并发表声明说:"今后我将尽最大努力防止暴行和流血事件。如果今后再发生这类事件,由我负责。"然而,就在当天下午,美方宣布,上任仅3天的柯尔逊准将再被撤换,遗缺由波特纳准将继任。什么原因,美方没有说,也无需多说,明眼人一眼就明白了。

(6)威廉·F.迪安,美国陆军第24师少将师长,是被朝鲜人民军俘虏的美军最高职务和最高军阶的军官。他在朝鲜北部战俘营里度过了3个春秋,受到宽待和尊重,感悟良深,他不赞成对那些不设防的城镇和乡村滥施轰炸。正当一名美军军法处长大肆污蔑朝、中方面"虐杀战俘"的时候,迪安专门写信给朝鲜金日成元帅和志愿军彭德怀司令员,对"受到和善而周到的照顾表示由衷的感激"。他认为,美国出兵朝鲜"肯定是错误的",与中国人民和朝鲜人民为敌"肯定是错误的",美国"越早离开这个地方越好"。迪安被遣返时紧紧地握住志愿军代表的手,一再说:"愿美国同中国和朝鲜永远不再打仗了!"

在美国入侵朝鲜的战争中,还有多少美军高级军官和将军丧命和非正常撤换的? 美方没有说,也就没有必要去猜测了。

不过"联合国军"除美国以外的其他国家的军队首领在朝鲜战场上死了,也是有的。例如,"联合国军"中有一个国家军队的首领名叫奥登,于 1951 年 2 月 12 日,即第四次战役期间,奉命率部掩护被志愿军围困的美军部队突围,结果就在横城地区战场上把命丢了。

问题在于,在这场战争中,美方付出了如此巨大的人力、物力、财力,到头来捞到了什么?"联合国军"的其他十多个国家又得到了什么? 如果艾奇逊国务卿先生仍然健在,他还要花费那么大的人力、物力和美国纳税人的钱财,在距美国万里之遥的朝鲜半岛,来"堵"他那"防务圈"的、虚无缥缈的"缺口"吗? 美国那些右翼政客和谋士们只是鼓动、挑起战争,他们自己并不上战场卖命送死,死的伤的是别人的子孙,他们管这些问题干什么!

5. 他们进行了一场"错误的战争"

前事不忘后事之师,历史的经验值得注意。

据说,朝鲜战争之后,美国陆续出版发行的有关书刊、影视作品等,达 3000 多部。时至今日,美国还在不断地派人到南韩、到中国,了解当年情况,总结经验教训,寻找失踪人员下落,以及死亡官兵的尸骨,等等。这就表明,美国是重视总结历史经验教训的。

毕竟,美国不乏有识之士,尤其是那些亲身经历过这场战争的人们,更是认识到他们是在"错误的时间"、"错误的地点"进行了一场"错误的战争"。

他们对这场战争的结局又是怎样看、怎样说的呢！

"朝鲜战争结束了。朝鲜这一'晨曦清亮之国'变成了一片废墟,没有人确切地知道到底有多少人在这场战争中丧生。美国在这场战争中的伤亡情况是:54,246 人死亡(其中 33,629 人死于战斗中,另一些人死于受伤、事故或其他原因),103,284 人受伤。南朝鲜武装力量总共死亡 59,000 人。"显然,美方这一统计数字是被大大地缩小了。即使如此,美军伤亡数字也相当可观！况且,"联合国军"其他十多国军队的伤亡数字还不包括在内。

"所有战争,无一例外都会给人类带来灾难,但极少出现损失如此之大而收获如此之小的情况。在战争结束时,南、北朝鲜之间重新恢复了边界线,这条新的边界线与1950年6月时边界线的位置几乎没有什么区别。"

"对于中国共产党人来说,他们不应该为这场战争的初期阶段负责。他们并没有过多地参与这场战争的决策过程,而且他们充分地向西方发出了警告,如果敌国军队接近鸭绿江,他们将干预这场冲突。"

美国学者特里尔说:"一个崭新的政权刚刚上台,就在家门口打了3年战争,而没有因过劳而受伤,这个国家必定有许多共同的价值观。"

美国《芝加哥论坛报》在停战时发表的社论说:"美国在这场战争中,除了一些教训之外,什么也没有赢得。"

美国参议员詹纳尔则明确无误地告诫美国人说:"记住朝鲜战争,这是一次不能打赢的战争。"

美国的专栏作家贝文·亚历山大参加过朝鲜战争,他在1986年撰写和出版,并于1993年出第2版、1998年出第3版的一部畅销书《朝鲜:我们第一次战败》中写道,"1951年担任(美国)参谋长联席会议主席的布莱德雷曾经说过一句非常有说服力的话:同红色中国的冲突,是一场同'错误的敌人'进行的'错误的战争'。"

美国空军被俘人员菲利普·阿郎森则斩钉截铁地说:"朝鲜的

事情同美国人不相干。"

菲利普·阿郎森是美国空军 B－29 轰炸机的机枪手,他是 1950 年 11 月 10 日在鸭绿江上空被朝鲜人民军空军击落的。他被俘后给美国空军人员写了一封长的公开信,他在信中述说了自己被俘的经过,以及受到朝鲜人民军和中国人民志愿军的宽大待遇后写道:

"从我被俘时起,我就在观察那些俘虏我的人的行动,我开始对这一次战争进行思考。现在我逐渐了解朝鲜的各种问题,这些问题表明了美国军队是对朝鲜的侵略者。我曾看过朝鲜各城镇和村庄遭受破坏的情况,我看到成千上万的儿童因美国空军滥炸非军事目标而流离失所,我看到成千上万的死者原是可以不死的,我也参加过造成这种景象的行动。我内心对每天在我眼前发生的悲剧感到羞愧和忏悔。我请你们在飞临朝鲜上空造成这种损害时,好好思考一下。我相信你们对在战争中所做的事情——为了一种没有价值的道理而造成的死亡——是一定不会感到骄傲的。我感到美国人民正被一种非正义的事业引入歧途,我们不应当同朝鲜人民作战,我们应当离开这里回家去。……朝鲜人民并不把美国人民看作敌人,他们一点也不想伤害我们。他们进行的战争是内战,完全应当由他们自己解决,而不要由我们来干涉。你们的家人希望你们回家和他们一道生活,你们应当尽一切努力使我们大家离开这里回家去。办法就是迅速结束朝鲜战争,让朝鲜人民自己去解决朝鲜的事,朝鲜的事情同美国人不相干。

美国空军第 307 轰炸大队第 371 中队 3 级上士菲利普·阿郎森 (签字)"

6.“中国没有卷入对朝鲜战争的策动”

安东尼·法勒—霍克利爵士曾是北大西洋公约组织北欧军总司令,这位英国将军有过一段颇不寻常的经历。

安东尼·法勒—霍克利原为英国皇家第 29 旅“功勋团”格罗斯特团上尉连长,他生于 1924 年,在英国牛津大学学习期间入伍,随即参加第二次世界大战。美国发动侵略朝鲜的战争爆发后,安东尼·法勒—霍克利于1950年11月随部队经香港到达朝鲜。

1951年1月4日,在中国人民志愿军发动的第三次战役中,英国皇家第29旅在汉城以北地区与志愿军部队遭遇,头一次遭到沉重的打击,一批英军官兵被志愿军俘虏,但在被俘人员名单中没有安东尼·法勒—霍克利上尉连长。

1951年4月22日,中国人民志愿军在"三八线"200多公里广阔的战场上,对34万侵朝美、英军发动第五次战役。第二天,英国皇家第29旅"功勋团"格罗斯特团首先落入志愿军的包围圈,该团主力营第1营被全歼,另两个营亦遭重创。第1营编制600余人,被击毙129人。

"联合国军"总司令、美国的李奇微上将在朝鲜停战14年后撰写的回忆录《朝鲜战争》一书中,专门有一节谈到这次战役。李奇微将军在回忆录中写道:

"(1951年)4月26日,敌人切断了连接汉城与朝鲜中部的春川及东海岩杆城的宽阔公路……把南朝鲜(李承晚军)第1师赶到了'堪萨斯线'*以南,从而暴露了英军第29旅的左翼。尽管第1军一再设法援救(英军)格罗斯特团第1营,但该营仍被敌军打垮……该营仅有少数士兵设法回到了'联合国军'一边。"

在这次战役中,英国皇家第29旅"功勋团"格罗斯特团的团长兼第1营营长弗雷德·卡恩中校、随军牧师戴维斯上尉等英军官兵被俘。"功勋团"上尉连长安东尼·法勒—霍克利就在这次被俘人员名单中。

安东尼·法勒—霍克利在战俘营里,受到了志愿军的宽大待遇。他在朝鲜将近3年,其中2年又4个月是在志愿军战俘营里度过的。在战俘营里,人们可经常在图书阅览室和有线广播站看到他

---

* 所谓"堪萨斯线",是美国军方在朝鲜战场上设定的一条主要"抵抗线",西至临津江口,沿江而上,经"三八线"以北地区,至东海岸襄阳一线,全长220公里。在美国军方的心目中,这是一条攻不破、打不烂的"钢铁防线",但在第五次战役中,该"抵抗线"被志愿军一举突破。

的身影。他遍阅群书和刊物,倾听广播,经常处于深思之中。

1953 年 7 月 27 日朝鲜《停战协定》签字后,安东·法勒—霍克利被遣返回国,重返英军,直至 1983 年退休。

他在任职期间,奋发努力,职务、军阶步步高升,最高职位是北大西洋公约组织北欧军的总司令。他在担任防务研究员研究战史之余,于 1968 年至 1970 年间,重返牛津大学,完成硕士学业。他潜心研究战史,著述颇丰,先后撰写了 10 种战史和回忆录,并且是英国官方战史《英国在朝鲜战争中扮演的角色》一书的作者。

1991 年 10 月的一天,华裔英国籍人徐泽荣先生专程到英国牛津郡,访问了安东尼·法勒—霍克利将军。年轻的徐先生也是专门研究朝鲜战争史的学者,他们在一起交流了研究朝鲜战争的心得成果。

徐先生前往安东尼·法勒—霍克利将军的家中访问时,主人 67 岁,已退休 8 年,但身体非常健康,对到访的客人热情、诚恳。在这位华裔面前,他并不避讳 40 年前自己曾被中国人民志愿军俘虏的那段历史。

正因为安东尼·法勒—霍克利在志愿军战俘营中同中国人民志愿军一起生活了 2 年又 4 个月,战后又对朝鲜战争史进行了长期不断的研究,他对中国、中国人民和中国军队是了解的,从而作出了他的正确的论断。

香港《镜报》月刊 1992 年 2 月号刊登了徐泽荣先生对安东尼·法勒—霍克利将军的访谈录,题目是"英国将军眼中的中国"。

安东尼·法勒—霍克利将军同徐泽荣先生谈到有关中国参战朝鲜问题时认为:"中国没有卷入对朝鲜战争的策动。"

这位英国将军坦诚地说:

"我当了一辈子兵,同德国兵、中国兵打过仗,也看过美国兵、苏联兵打仗,我看最优秀的还是中国兵,我赞赏他们。"

安东尼·法勒—霍克利在谈到志愿军的宽大政策时说:"中国人民志愿军严格执行命令,不枪杀和虐待俘虏。有时供应紧张,志愿军自己吃差的,而让我们战俘吃好的。"

安东尼·法勒—霍克利将军还说:"中国地大物博,人民智慧进取,改革有成效,有希望在下个世纪成为领导世界的大国强国。"

7. 世界反侵略史上光辉的一页

中、朝方面为了保家卫国,捍卫民族尊严,也做出了巨大的牺牲,但是终于挫败了美国的军事侵略。抗美援朝战争伟大胜利的经验,是中国人民极其宝贵的财富。中国人民志愿军在这场战争中打出了中国人民的志气,打出了中国的国威,打出了我人民军队的军威,实现了拒敌于国门之外,避免了当年八国联军入侵旧中国大肆烧杀掳掠、割地赔款的历史悲剧重演,争取到了半个多世纪的和平环境从事我国的社会主义建设事业。放眼风云变幻的当今世界,任人欺凌宰割的旧中国已永远一去不复返了。中国民族早已自立于世界民族之林,一个昂首阔步的新中国日益繁荣昌盛,国防力量壮大而坚强,经济技术不断向前发展,国际地位空前提高,我们的朋友遍天下。和平、和谐、友好、共同发展,已经成为时代的主旋律和最强音。

他们选择了中国

1. 为了了解中国，寻求真理

正当朝、中方面为遣返"联合国军"战俘和迎接朝、中方归来人员忙得不可开交的时候，原来分散在志愿军各战俘营的 20 名美军战俘和 1 名英军战俘，不约而同地向朝、中方面提出拒绝遣返、要求到中国居住的申请。

这突如其来的事情使美国方面感到极其难堪，这些人居然不愿返回"自由世界"，这是一贯标榜"自由、民主"的美国决策者和谋士们所始料不及的。他们搬起石头砸了自己的脚，完全是咎由自取。当初如果按照朝、中方面的意见，执行《日内瓦公约》的规定，实行"全部遣返"，不搞阴谋策划什么"自愿遣返"、强迫扣留那一套，又哪会出现这种尴尬的局面呢！

事已至此，怎么办？美国当局和军方采取了软硬兼施的手法，企图迫使拒绝遣返的美军战俘们就范，先是施加强大的压力，指斥他们"背叛军人誓言，有损国家利益"；继而出示他们父母的信件，播放他们父母的录音，敦促他们回心转意。

其实，朝、中方面是希望并劝说拒绝遣返的美军战俘们回到自己的国家去，同亲人团聚，过和平生活的，笔者和一些战友就曾对他们进行过劝说工作。

但是这些拒绝遣返的美军被俘人员仍然不改初衷，他们斩钉截铁地回答美方人员说："如果要说'背叛'，我们'背叛'的是战争的决策者们，他们本来就不应该要我们来参加这场不义的战争的。我们这样做是我们自己的选择,我们要求去中国是为了了解中国,寻求真理。"

20名美军战俘和1名英军战俘在板门店举行记者招待会,发表书面声明,详细阐述他们为什么拒绝遣返回国、要求到中国生活的理由。

21名美、英战俘《拒绝遣返声明》全文如下:

> 我们这些美国人和英国人为什么不愿回家,一定有很多猜测。我们每个人都有各自的意愿,有一些意愿是共同的。我们充分认识到自己采取的是一项重大的步骤,作出的决定都是经过深思熟虑的。

> 有人怀疑我们是否受了"愚弄"或"胁迫",事实是战俘营当局非常清楚地向我们说明了朝鲜人民军和中国人民志愿军按照《日内瓦公约》的条款遣返全部战俘的政策。我们只是看到中立国遣返委员会的职权范围后,才看到了机会。即使如此,(志愿军)俘管当局仍努力劝说我们回家。

> 我们是20个美国人和1个英国人,我们热爱我们的国家和我们的人民,然而我们也爱个人的自由。我们最为关心的就是争取和平与自由,不仅为了我们自己,也是为了美英人民和全世界人民。

> 不幸的是,当前在美国,那些要求和平与自由的人们发出的呼吁遭到压制,而叫嚣最厉害、宣传最多的则是麦卡锡、焚书者,以及那些要求发动"先发制人的战争"的人们的声音。我们不想让美国当局有压制我们声音的机会。

> 我们阅读了马克·克拉克的声明,他说如果他能和我们谈话,他将请我们回想我们被俘前为之战斗的美国的自由传统,他不承认"有任何拒绝回国的美国人"。我们不需要克拉克提醒,我们被俘以后,谋杀鲁森堡事件、对威利·

百基以及对百十个黑人实行"合法私刑"等一系列事件，就是我们对克拉克声明的最好注脚。

"联合国军"遣返组司令汉布伦准将说："在美国，参加政治党派，甚至参加进步党派，也不算是什么罪。"那么，我们要问，56位共产党领导人因为其政治信仰而被处以长期徒刑，又是怎么一回事呢？难道麦卡伦法、塔夫脱—哈特莱法以及史密斯法，都成了克拉克所谓的"自由"的一部分吗？

关于我们享有"自由"的说法，我们已经听够了。我们就是在美国生活方式中长大的，我们有自己的亲身体验。我们离开美国后，已有不少阅历。我们看到了日本被占领的情况，领会到了这种占领对日本人民来说意味着什么。我们在朝鲜参加了"反对共产党"的战争，看到朝鲜人民因为这个战争死了多少人，受了多少苦难。

我们被俘以来，也看到了生活的另一方面。

当我们被送到朝鲜来"拯救美国、抵御共产主义"的时候，我们是很担心的。当时我们并不知道"共产主义"为何物，它又怎样"威胁"美国了？我们来到朝鲜前后，又听说，如果被俘，我们会受酷刑，会被砍头。当我们被俘并被当作朋友对待的时候，我们有的人还以为这只不过是"宣传手段"罢了。但是现在我们知道，我们窥见了一个社会。在这个社会里，宣传和实际情况是没有矛盾的。在这个社会里，我们有表达自己思想的自由，而在美国标榜的"生活方式"下，我们听到关于和平与自由的高调，而实际上，和平与自由都遭到了践踏。

我们之中有几个黑人，在（志愿军）战俘营里，我们第一次在平等对待我们的人们中间生活。我们第一次看到这样一个社会，在这个社会里，根本不存在种族歧视。而我们在美国军队里的时候，经常听到关于必须消灭共产党人,必须准备攻打苏联、人民中国和人民民主国家这一类的训话,这已不是什么秘密。而在(志愿军)战俘营中,就没有一个人提到共产党应该去打美国人或其他任何国家的人民,没有一个人讲过一句宣传战争、煽动仇恨的话,反之,我们学到并被鼓励去学习怎样更加热爱自己的美国人民,怎样尽我们的力量使他们将来不致遭到更多的战争。

我们知道麦卡锡分子和其他一些具有法西斯思想的政客们将会称我们为"卖国贼",一些受骗的人也可能相信他们的话。我们深知真正的卖国贼是那些企图把美国人民推到他们发动的另一场战争中去的人,我们意识到,我们所采取的反对美国侵略政策的态度才是美国人民真正的态度。杜勒斯发表主张美国干涉越南战争的演说之后,盖洛普民意测验结果表明,支持他的人只有8%,反对他的人有15%。

已被遣返的伤病员中,有许多同伴都因为反对朝鲜战争、发表和平言论,而被送到福音谷精神病院去,被当作"神经错乱"和"精神病人"对待。

如果在目前的情况下回到美国去,美国当局和法西斯集团必将继续不断地压制我们的思想,压制我们的声音。

我们要告诉全世界人民,美国人民的真正利益是全世界人民之间的和平和友谊。只有克拉克那种人,总是企图把自己的意愿曲解为美国人民的意愿。

我们已经说过,我们爱我们生活或寄居的国家。我们愿意以后再回去,那就是当美国人民真正获得自由的时候,我们希望在争取这种自由中尽我们的力量。那一天到来的时候,美国人民将会张开双臂欢迎我们的。

当时,美、英及世界上许多国家的新闻媒体对于21名美、英战俘拒绝遣返一事均作了大量报道,在全世界引起了极大的轰动和震撼,美国当局和军方则深感丢了面子。

拒绝遣返的 21 名美、英战俘终于如愿以偿,他们的要求得到了中国政府的批准。

1954 年 2 月 24 日,这 21 名前"联合国军"战俘由开城到达中国境内。中国红十字会、中国人民保卫世界和平委员会,以及中国群众,热烈欢迎和热情接待了他们,并为他们举行了隆重的欢迎会。

拒绝遣返回国的 20 名美军战俘和 1 名英军战俘名单如下:

(1)詹姆斯·G. 温纳瑞斯(Pvt. James G. Veneris),宾夕法尼亚州人,1922 年出生。1950 年再次应征入伍,美国陆军第 24 师士兵,1950 年 11 月 28 日被俘,2001 年 12 月 18 日在中国山东省济南市病逝。

(2)霍华德·G. 亚当斯(Cpl. Howard Gayle Adams),得克萨斯州人,1925 年出生。1948 年 8 月 31 日再次应征入伍,美国陆军第 24 师班长,与温纳瑞斯同时被俘。

(3)克莱伦斯·亚当斯(Pfc. Clarence Adams),田纳西州人,1929 年出生。1947 年应征入伍,美国陆军第 24 师一等兵,1950 年 12 月 1 日被俘。

(4)阿里·H. 裴特(Pfc. Arlie H. Pate),伊利诺伊州人,1931 年出生。1949 年 1 月 12 日应征入伍,美国陆军第 7 师一等兵,1950 年 12 月 2 日被俘。1956 年从中国返回美国,1999 年在美国逝世。

(5)威廉·C. 怀特(Pfc. William C. White),阿肯色州人,1930 年出生。1948 年 3 月 17 日应征入伍,美国陆军第 2 师一等兵,1950 年 11 月 30 日被俘。

(6)哈罗德·H. 魏布(Cpl. Harold H. Webb),佛罗里达州人,1931 年出生。1949 年 8 月 2 日应征入伍,班长,1950 年 12 月 1 日被俘。

(7)约翰·R. 邓恩(Pfc. John R. Dunn),马里兰州人,1928 年出生。1950 年 12 月 12 日应征入伍,美国陆军第 2 师一等兵,1951 年 7 月 24 日被俘。

(8)安德鲁·傅秋纳(Cpl. Andrew Fortuna),密执安州(现为密

歇根州)人,1926 年出生。1948 年 5 月 12 日再次应征入伍,美国第 1 骑兵师班长,1951 年 11 月 27 日被俘。1957 年从中国返回美国,1984 年逝世。

(9)莫里斯·R. 威尔斯(Pfc. Morris R. Wills),纽约州人。1933 年出生。1950 年 7 月 27 日应征入伍,美国陆军第 2 师一等兵,1951 年 5 月 18 日被俘。

(10)拉法斯·E. 道格拉斯(Cpl. Rufus Eberft Douglas),得克萨斯州人,1927 年出生。1949 年 3 月 19 日再次应征入伍,美国陆军第 2 师班长,1951 年 1 月 1 日被俘。1954 年 6 月 8 日在中国太原市因突发心脏病抢救无效逝世。

(11)路易斯·W. 葛瑞格斯(Pfc. Lewis W. Greiggs),得克萨斯州人,1932 年出生。1949 年 8 月 4 日应征入伍,美国陆军第 25 军一等兵,1952 年 4 月 25 日被俘。1955 年从中国返回美国,1984 年逝世。

(12)罗维尔·D. 斯金纳(Pfc. Lowell Denver Skinner),俄亥俄州人,1931 年出生。1949 年应征入伍,美军第 1 骑兵师一等兵,1950 年 11 月 2 日被俘。60 年代离开中国,1995 年在美国逝世。

(13)拉伦斯·苏利梵(Cpl. Larance Sullivan),加利福尼亚人,1931 年出生。1948 年 2 月 25 日应征入伍,美国陆军第 2 师班长,1950 年 11 月 25 日被俘。1958 年离开中国,2001 年 11 月在美国逝世。

(14)理查德·R. 坦尼生(Pvt. Richard R. Tennason),明尼苏达州人,1933 年出生。1950 年 7 月应征入伍,美国陆军第 2 师士兵,1951 年 5 月 18 日被俘。1955 年 12 月离开中国,2001 年 8 月在美国逝世。

(15)奥托·G. 贝尔(Pfc. Otho G. Bell),密西西比州人,1931 年出生。1949 年 1 月 29 日应征入伍。美国陆军第 2 师一等兵,1950 年 11 月 30 日被俘。1955 年返回美国,2001 年 7 月逝世。

(16)斯科特·L. 若希(Cpl. Scott Leonard Rush),俄亥俄州人,1932 年出生。1949 年 8 月 19 日应征入伍,美国陆军第 3 师班长,

1950 年 11 月 26 日被俘。

（17）阿伯特·C. 贝霍姆（Cpl. Albert C. Belhomms），宾夕法尼亚州人，1928 年在比利时出生。1948 年 11 月 6 日应征入伍，美国陆军第 2 师班长，1950 年 11 月 30 日被俘。

（18）理查德·C. 柯登（Sgt. Richard C. Cordon），罗得岛人，1928 年出生。1950 年 3 月 9 日再次应征入伍，美国陆军第 2 师军士，1950 年 11 月 30 日被俘。

（19）圣米尔·D. 霍金斯（Pvt. Samuel David Hawkins），俄克拉何马州人，1933 年出生。1949 年 9 月 21 日应征入伍，美国陆军第 2 师士兵，1950 年 11 月 30 日被俘。

（20）阿伦·P. 威尔逊（Pfc. Aaron P. Wilson），路易斯安那州人，1932 年出生。1950 年 3 月应征入伍，美国陆军第 7 师一等兵，1950 年 11 月 30 日被俘。

（21）安德鲁·康德伦（A. Condron），英军人员，1951 年 11 月 30 日被俘。

说明：有一名美军被俘人员曾公开宣布拒绝遣返，但是没有从朝鲜来中国。因为他的妻子在美方安排下从美国到东京，把他叫了回去。这样，统计美军被俘人员拒绝遣返来到中国的是 20 人，加上 1 名英军被俘人员，共为 21 人。

2. 来去自由

拒绝遣返的原美、英战俘来到中国后，受到了各有关部门的热情接待和妥善安置。他们在山西省做短暂停留，熟悉中国历史、社会情况、经济建设、生活习俗，以及相关政策、规章等。在此期间，原美军战俘道格拉斯因心脏病突然发作，于 1954 年 6 月 8 日在太原去世，其余 20 人于 1954 年 8 月分别走上了学习和工作岗位：有 12 人到北京进入中国人民大学学习，5 人到山东省济南市山东造纸厂工作，4 人到武汉大学学习后在湖北武汉市和河南省郑州市工作，有 18 人先后申请离开中国。根据本人的意愿和来去自由的原则，中国有关部门同意了他们的申请,并协助他们返回美国、英国,或去第三国定居。

他们离开中国以后的情况怎样? 据所知,他们中的一些人情况如下:

安德鲁·傅秋纳,娶了一位日本妇女为妻。1957 年从中国返美,住在密执安州(现为密歇根州),死于 1984 年。

路易斯·W.葛瑞格斯,1955 年同奥托·G.贝尔返美。葛瑞格斯死于 1984 年,贝尔死于 2001 年 7 月。

罗维尔·D.斯金纳,20 世纪 60 年代离开中国,最后在美国加利福尼亚州定居,死于 1995 年。

阿里·H.裴特,1956 年同阿伦·P.威尔逊一同返美,裴特死于 1999 年。

里查德·R.坦尼生,1955 年 12 月离开中国,最后在美国犹他州定居,死于 2001 年 8 月。

拉伦斯·苏利梵,1958 年离开中国,死于 2001 年 11 月。

斯柯特·L.若希,娶了一个中国妻子,携同孩子返美。

约翰·R.邓恩,在中国期间,同一位捷克斯洛伐克妇女结婚,后来去到该国定居。

哈罗德·H.魏布,在中国同一位波兰妇女结婚,1960 年移居波兰,1988 年后获准在美定居。

威廉·C.怀特,娶了一位中国女子为妻,有两个孩子。1965 年携妻及孩子返美,在纽约北部一农场工作。

志愿军俘管干部叶成坝在碧潼俘管 5 团 1 中队工作时,克莱伦斯·亚当斯就在这个中队。

另据美国合众社记者奎格于 1980 年 6 月 17 日报道:"亚当斯住在田纳西州的孟菲斯,性格直爽,他的中国妻子教他做中国菜。他于 1966 年回美国,本想当个教师或者翻译,但他用了一年的时间求爷爷告奶奶都未成功。后来他当了汽车司机,攒了点钱开了个中国餐馆。亚当斯对(合众社)记者说:'我是在北朝鲜的(志愿军)战俘营和中国的大学长大成人的。'他说：'我把它看作是自己最难得的一段经历。'他还说：'我感激中国。我是一个没有受过教育的穷苦黑人，他们让我受教育，待我很好。'"

关于莫里斯·R.威尔斯，合众社的报道说："威尔斯（1980 年）47 岁，在中国生活了 12 年后回到美国，在纽约州锡拉丘兹大学尤蒂卡学院图书馆主持编图书目录。他曾打听是否可以让他作为驻外记者到中国去工作，美国有关方面没有满足他的愿望。"

关于理查德·C.柯登，叶成坝在渭原俘管 4 团 3 中队担任俘管干部时，柯登就在这个中队。1986 年，美国的电视台曾播放一部题为"美国战俘"的电视片。该片报道了朝鲜停战后 20 名前美军战俘拒绝遣返的情景，其中有拒绝遣返的前美军战俘理查德·柯登讲话的镜头。

"柯登说：'我确实认为，中国的生活方式是一种出路，能给人们以自由，可以自由地来去，自由地做自己想做的事。'"

"他说：'我们不愿回国的原因多种多样，有些人是真诚地为了寻求和平，我本人就是这样。'"

"柯登还说：'留在中国的人没有一个恨美国。……我所做的一切乃是为了和平，反对战争，除此以外，别无其他。'"

另有报道说，柯登于 1958 年返美，一度住在加州，后来返回家乡罗得岛。

关于安德鲁·康德伦，英国战史专家麦克斯·黑斯廷斯在他的《朝鲜战争》一书第 16 页中，有关于前英国战俘康德伦被俘后受到志愿军宽大待遇的记述：

"1951 年 11 月 30 日，在长津湖战役中，康德伦同 50 名美国军人一起被俘时，有一个会说英语的中国（志愿军）军官对大家说：'你们和我们一样，都是无产阶级。'接着，便同每个人一一握手，又把缴获的罐头和香烟分给大家。"

书中说："在送往后方战俘营的途中，中国人不叫俘虏们为他们背重东西。开饭时，不论军官还是士兵，都同俘虏们一样排队领高粱米饭,这一点给康德伦印象非常深刻。康德伦当年向报界发表拒绝遣返的声明中说,'我爱我的父母和家庭。……我想协助巩固英、中两国人民的友好关系,我希望我能在这方面尽我的一点力量!'"

当年拒绝遣返的一些人回到美国后的遭遇很悲惨。

美国合众社记者奎格1980年6月17日纽约电讯称:

"……21人在战争结束后留下来,但是现在还留在中国的只有2人,另外1人(因心脏病突然发作)死了,3人在欧洲销声匿迹,15人后来陆续回到了美国。"

电讯说:"他们回到美国后,均被开除出军队,而且被称为通敌分子,于是他们再次感到失望,'叛徒'这个词刺痛了他们的心。在朝鲜战争爆发30周年的时候,他们中的大多数人连自己的住处都隐瞒起来了。当然在中国的两个人还可以找到,而且能畅所欲言。"

电讯还说:"克莱伦斯·亚当斯说,'我回国时,联邦调查局直截了当地对我说,我们永远不会信任你。'我告诉他们,'你们可以浪费纳税人的钱来监视我,但我将一直做我的工作'。"(克莱伦斯·亚当斯死于1999年)

合众社的电讯说:"现在似乎已不再监视这些回来的战俘了,联邦政府的一位官员说,'我们不再监视这些家伙的行踪了,因为那就会像打一匹死马。'"

电讯说:"有些人回来后很惨,大部分'叛徒'不见了,一些人死了,一些人几年前进了精神病院。"

合众社记者的电讯中所说"现在还留在中国的2人",就是詹姆斯·温纳瑞斯和霍华德·亚当斯。

温纳瑞斯和霍华德以后的情况如何?

3.历史证明他们的决定正确

拒绝遣返、获准到中国定居的前美军战俘詹姆斯·温纳瑞斯和霍华德·亚当斯,两人大半生的经历和命运,都是紧密联系在一起的。

温纳瑞斯是美国宾夕法尼亚州人,他是第二次世界大战的老兵。霍华德是美国得克萨斯州人,也是二战的老兵。

温纳瑞斯在二战结束后从军队退役,他只有高中文化,就业困难,朝鲜战争爆发后迫于生活,再次入伍当兵。霍华德二战后也退役了,他上了休斯顿大学攻读化学专业,朝鲜战争爆发后,他再次应征入伍。

温纳瑞斯和霍华德两人都是在 1950 年 11 月 25 日至 12 月 24 日中国人民志愿军发动的第二次战役中被俘的。

温纳瑞斯和霍华德两人都在朝鲜停战后,同时拒绝遣返,获准在中国居留。

温纳瑞斯和霍华德两人都被安排在山东造纸厂当工人。

温纳瑞斯和霍华德两人同时获准到北京进入中国人民大学学习,4 年毕业,两人又都选择回山东造纸厂当技术员。

1979 年以后,两人这才分开在两个单位工作:温纳瑞斯到山东大学担任英语教授,霍华德则应聘到山东医科大学担任英语教授。两人都为中国经济建设培养外语人才贡献自己的力量,但两人仍然同在一个城市:山东省济南市。

"你不感到后悔吗?"

温纳瑞斯拒绝遣返回美国、获准到中国居留后,关心他的中国朋友以及他在国外的亲友,经常向他提出这样一个问题。

27 年后的 1980 年 6 月 17 日,美国合众社报道了该社记者对温纳瑞斯的一次电话采访。合众社的报道说:"在谈到他(温纳瑞斯)留在中国的决定时,他对记者说,'我绝不后悔。如果再让我选择,我还会作出这样的选择的。'"报道还说:"他(温纳瑞斯)很风趣地说,他比(美国总统)尼克松早到中国 20 年,历史证明他的决定是正确的。"

"在志愿军战俘营里,温纳瑞斯被编在俘管 3 团,同其他战俘一样平日没什么与众不同的表现。"英文翻译兼教员(Instructor)吴兆庚说。吴兆庚就在俘管 3 团温纳瑞斯所在的中队工作。志愿军俘管处总部主管文娱工作的李正凌同温纳瑞斯经常接触谈话,他们对温纳瑞斯都很了解。

温纳瑞斯家住美国宾夕法尼亚州的匹斯堡以西一个小镇上,1992年3月出生。祖父年轻时当过汽车厂的机械工,父亲是机械工人,母亲操持家务。他有3个妹妹,一家3代7口,全靠他父亲一人做工,难以维持生计,于是,温纳瑞斯从12岁开始,就白天上学,晚上打工。

高中毕业后的温纳瑞斯,再无力升学,便入伍去当兵,待遇要比打零工高,也稳定一些。适逢第二次世界大战,他随部队到过欧洲一些国家,后来到东南亚地区,参加过无数次对日本帝国主义侵略者的战斗。1945年日本军国主义者战败投降,二战结束,温纳瑞斯退伍还乡。

战后美国经济严重萧条,失业率不断增高,就业困难,生活严酷。温纳瑞斯一直到28岁,还未能结婚成家。美国侵略朝鲜的战争爆发后,温纳瑞斯为生活所迫,第二次入伍当兵。

"我们到朝鲜才一个多月,稀里糊涂地参加了一场稀里糊涂的战争,在稀里糊涂的情况下,稀里糊涂地当了俘虏。"温纳瑞斯同霍华德聊天时是这样说的,对从朝鲜碧潼志愿军战俘营一直陪同他们到山东造纸厂工作的英文翻译王永华是这样说的,对其他的朋友也是这样说的。

温纳瑞斯第二次入伍后被编入整补后的美国陆军第24师,1950年10月随部队来到朝鲜。1950年11月25日,中国人民志愿军发动第二次战役,一举将敌军逐回到"三八线"以南。此役到12月24日结束,整整一个月中,共毙、伤、俘敌3.6万余人。温纳瑞斯所在部队再次被打得落花流水,他是在云山以西、德川以北地区被志愿军俘获的。

温纳瑞斯来到战俘营后,经常陷入沉思默想之中。他对冬天到鸭绿江冰面上滑冰、夏天到碧波荡漾的鸭绿江江水中游泳,没有表现出多大兴趣,对其他体育运动项目的活动,也很少参加。他经常驻足的地方就是图书阅览室、有线广播站。他经常同霍华德及其他知己、伙伴促膝谈心,交流一些问题的观点,他也经常写一些笔记。

温纳瑞斯被俘初期,思考得最多的就是两次当兵截然不同的经历:第一次入伍当兵,抗击德、意、日法西斯,是为正义而战,一种荣誉感经常挂在心头;第二次入伍当兵,却走向反面,不远万里,来到朝鲜,参加侵略战争,为非正义而战。"如果把命丢了,值得吗?"他反躬自问,开始感到有些迷惑。

许多战俘在从火线向后方转运途中,以及在志愿军战俘营里,经常担心害怕,想家想亲人,吃不下饭,睡不着觉。温纳瑞斯则是有吃就吃,到时候就睡,有时还对周围持消极态度和悲观情绪的战俘同伴宽慰几句。

"你担心什么?!"温纳瑞斯对一个情绪低落的美军战俘说,"军方告诉我们,被志愿军俘虏了要受虐待,要砍头,现在我们这不全都活得好好的,全都脑袋长在脖子上。"他还说,"我们在这里有吃、有穿,吃的甚至于比志愿军吃的还好些,这不是假的。愁什么! 别担心!"

在美国军队里,流行着一个不成文的"信条",就是"老兵不死"。被俘的美军官兵中,有不少人同温纳瑞斯一样,是二战的老兵。他们自以为老兵经历的战斗场面多一些,死亡的概率相对来说小一些,而美国军方则利用这话来促使美军官兵们去卖命。

温纳瑞斯对此有他自己的看法,他常同战俘同伴说:"所谓'老兵不死',那是指在战场上,在战斗中,当兵时间长一些的人,就会想方设法脱离战斗,躲避枪弹炮火。这就是为什么美国军队一上战场,躲藏开溜、自伤自残事件层出不穷的原因之一。"温纳瑞斯说:"如今离开了战场,就已跨出了'地狱之门',在志愿军战俘营里,生命有了保障,没有死亡的威胁,担心害怕什么!"

同许多战俘一样,温纳瑞斯细心观察周围的事物,用心思考一些问题。

为什么武器装备精良的美国军队同武器装备低劣的志愿军刚

一交锋，就被打得落落大败？志愿军英勇善战，纪律严明，有哪国军队能与之相比？为什么志愿军对待战俘不打、不骂、不侮辱人格，有伤有病还给予治疗；吃的东西同战俘们一样，后来战俘们的伙食还好一些？这些情况同美国军方所说被俘后要"砍头"的宣传不一样，同日本军国主义者和纳粹德国虐杀战俘的做法也不一样。

温纳瑞斯似乎感悟到了某些东西，思想上有了一些变化，刚被俘时的对立情绪逐渐地减消了，他经常挂在嘴边的一句话就是："我们了解志愿军太少了，了解中国太少了。"

温纳瑞斯给在美国的亲人写信，或者是见了朋友，都是这样说的："我在朝鲜一共度过了2年又10个月，其中不到2个月是第2次入伍在美军中服役，有32个月同中国人民志愿军在一起。进入志愿军战俘营，这是我一生中最有意义的日子，是我一生中的新起点。"温纳瑞斯说："我选择中国，不是一时的冲动，而是经过深思熟虑的。我希望进一步了解中国，寻求真理。"

1963年9月的一天，在山东造纸厂的会议室里，一次小型的但却是重要的会议正在举行。主持会议的是造纸厂办公室分管外事和联络工作的负责人王永华，参加会议的有温纳瑞斯、霍华德，以及获准到中国居留的前美、英战俘，一共5人。

王永华原籍山东，上大学时专习英语。二战时，曾在美军中当翻译，积极参加反对德、日法西斯的斗争。朝鲜战争爆发后，他毅然参加抗美援朝，反对美国侵略。他在志愿军战俘营担任英语翻译兼教员，温纳瑞斯、霍华德等获准到中国居留，被安排在山东造纸厂工作。为了帮助他们熟悉环境和生活，克服语言方面的障碍，中国红十字会同有关单位商量，将王永华也调到山东造纸厂工作。

王永华在会上宣布："中国红十字会经同有关单位商定，根据诸位自己的意愿，同意并安排你们5位到北京进入中国人民大学本科学习国际政治专业和汉语，学制4年，学费、杂费、生活费，以及旅途费用等，均由公家承担。"

会上响起了热烈的掌声。

温纳瑞斯代表与会的 5 人发言说:"感谢中国红十字会、山东造纸厂、中国人民大学及其他相关单位。我们入学后,将努力学习,用优良的学习成果来回报各单位和中国朋友们对我们的关心和爱护。"

王永华说:"你们去到北京上大学,我的任务也完成了。我将返回中国红十字会去工作,因此,今天的会,在一定意义上说,也是我同诸位的一次告别会。"

散会后,王永华同温纳瑞斯、霍华德等紧紧地握手告别,他们在一起共同生活和工作了将近 13 年,看得出温纳瑞斯的眼眶有些湿润了。

王永华返回中国红十字会后,适逢党和政府号召干部支援边疆经济建设,王永华积极报名,获得批准。王永华举家搬迁到新疆,他在高等院校任教授,从此扎根边疆,同兄弟民族一起,同呼吸,共命运。

温纳瑞斯和霍华德等经过 4 年大学学习,学到了不少新的知识,懂得了许多过去不懂的道理,温纳瑞斯一口略带山东口音的中国话也相当流畅了。

温纳瑞斯和霍华德在中国人民大学毕业后,两人同时都选择了回山东造纸厂当技术员。当时正值"文化大革命",亲友们对他们两人的情况都很担心。

温纳瑞斯对亲友们说:"'文革'中哪一派我也不参加。我是只会抓生产,不会促革命。"他说:"我有许多中国朋友。我和工厂领导及工人师傅都相处得很好,大家都亲切地叫我'老温'。"

改革开放后,温纳瑞斯应聘到山东大学担任英语教授,师生们都尊敬他为"温教授""温先生"。

4. 襟怀坦荡,表里如一

温纳瑞斯在济南市建立起了一个幸福、美满的家庭,妻子白锡荣,为人贤慧,她是济南人,在工厂当过工人。他们已是 19 口之家:

儿子、女儿、儿媳、女婿、孙子女、外孙女。晚辈们有的大学毕业,早就参加了工作;孙辈们有的也已工作,一个儿子和女儿在美国学英语。温纳瑞斯对来访的朋友说:"我的目的是帮助他们掌握中文和英文两种语言文字,以便接我的班,做中、美两国人民的友好使者。"

1976年,是美国建国200周年。温纳瑞斯第一次回美国探亲,住了10个月,走访了美国50个州中的47个州的大小城镇,只有蒙大拿州、犹他州、内华达州这3个州没有去,以后他又回美国2次。

温纳瑞斯回美国探亲时每到一处,都受到邀请单位和群众的热烈欢迎和热情接待。美国"美中友协"刊物《美中通讯》介绍温纳瑞斯时说:"他的家乡把他当英雄来接待。"美国当局也没有因为他当年拒绝遣返而刻意、公开地找他麻烦。他每一次回去,各地报纸、电台、电视台的记者都去采访他,发表他的文章。许多社会团体、高等学府和朋友们都盛情邀请他去演讲,他到处讲述自己几十年来在中国的亲身经历和感受,介绍新中国的经济建设和悠久的历史、文化传统,传播和平思想和中、美两国人民的友谊,解答听众提出的各种问题。

温纳瑞斯襟怀坦荡,表里如一,他在中国说:"中国好,中国人好";回到美国,同样说:"中国好,中国人好"。他每天要演讲两三场,有时一讲竟通宵达旦,热情的观众仍不肯离去。仅第一次返美探亲10个月,他在各地发表演讲就达700场之多。他写了两篇长文:《由敌人变为朋友》《扎根于两个国家》,"美中友协"主办的刊物《新中国》全文刊出。他每次回去、每到一地,美国的一些新闻媒体都竞相作跟踪报道,从而掀起了一阵又一阵"温旋风""老温热",一时间,温纳瑞斯成了重要的新闻人物。

温纳瑞斯第一次返美探亲、在美国各地巡回演讲后回到中国的第二年,即1977年,他收到了美国"美中人民友好协会"全国大会寄来的一幅万人签名、长达4米的大条幅,条幅用中、英文书写,全文如下:

敬爱的老温同志：

第 4 届美中人民友好协会全国大会向您致意！美中人民的友谊鹏程万里。您的来访给我们带来了您的宝贵经验和您对美中友谊的坚定信心，并将使这种友谊更加前途远大，更加辉煌。

您的朋友们向您亲切地问好！

（信的末尾附万人签名）

美国人民和朋友们对温纳瑞斯的这种友好表示，使他深受鼓舞，深感欣慰。温纳瑞斯感到，历史和事实反复证明，他的选择没有错，他为促进美中人民相互了解和友好所做的事情没有错。

温纳瑞斯 1976 年返美探亲时，已届 89 岁高龄的老母对儿子的所作所为倍加赞许，她谆谆嘱咐温纳瑞斯："要珍视美、中人民的友谊，并为此终生效力！"

5. 无微不至的关怀和照顾

温纳瑞斯在晚年时不断为病痛所困扰，王永华专程从新疆到济南看望他，当年在志愿军碧潼战俘营的工作人员如文娱科长王奈庆，俘管干部郭维敬、程冠法等，也分别从上海、郑州、南京到济南探望他。老朋友们相见，格外高兴。

温纳瑞斯对老朋友们说："中国政府和人民无微不至地关怀我，照顾我，使我处处感到无比温暖。我患白内障，两次动手术；视网膜脱落，又 3 次动手术；后因摔跤骨折，在北京和上海住院治疗长达一年。所有医疗费用，全部都是公家负担。每次返美探亲，工资照发，还给我发出国旅费和往返机票费。我全家的住房，宽敞明亮。政府和人民对我真是体贴入微，使我终生不忘。"

温纳瑞斯深情地对亲友们说："1950 年 11 月 28 日是我被中国人民志愿军俘虏的日子，更确切地说，是我的'解放日''新生日'，是我生命中的分水岭，从此我得到了学习真理的机会。"

他说:"我与中国人民在经济建设的岁月中,共同挥洒汗水,同忧同乐,结成了深厚的友谊。我在黄河岸边的济南市工作、学习、生活了几十年,我百年后要请后代将我的骨灰撒入黄河,作为我最后的归宿。"

王永华对温纳瑞斯说:"半个世纪以来,你结识了那么多的中国朋友;20 世纪 70 年代以后,你培育了一代又一代的青年外语人才,可谓桃李满天下,许多青年人已经成了各行各业的骨干力量或者是领导干部。"王永华说:"中、美两国人民的相互了解和两国人民友谊的不断发展,这里面不能忽略了你的一份贡献啊!"说得大家都哈哈大笑了。

温纳瑞斯一直保持着喝白酒的习惯,但是,年龄大了,不能多喝。老朋友们久别重逢,温纳瑞斯仍然同大家一起举杯,共祝中、美两国人民的友谊万古常青,老朋友们互道健康、长寿、幸福!

温纳瑞斯对当年志愿军的老朋友们说:"我很想再有机会去到碧潼志愿军战俘营旧址看看。"他感慨系之地说:"在碧潼,我学到了很多东西,懂得了人生的意义,结识了许多志愿军朋友。那里是我一生的转折点,我怎能忘记啊!"

但是,温纳瑞斯这个真诚而淳朴的愿望已经无法实现了。

2001 年 12 月 18 日,詹姆斯·温纳瑞斯在山东省济南市因病医治无效,与世长辞,终年 80 岁。

6.为中美人民友谊铺路搭桥

霍华德和温纳瑞斯在中国人民大学毕业后,温纳瑞斯到山东大学担任英语教授,霍华德则应聘到山东医科大学担任英语教授。

同温纳瑞斯一样,霍华德也在济南建立起了一个美满的小家庭。1956 年,霍华德同济南姑娘辛丽华喜结良缘。婚后夫妻恩爱,生活丰足。他们有一个女儿,为了纪念他俩的圆满结合,取名霍丽德。两个外孙女长得活泼可爱,其中一个外孙女是专学舞蹈的。

一位少女伴随着音乐翩翩起舞。霍华德的亲人们每逢周末、假期都要欢聚一堂,小外孙女将新学的舞蹈节目表演给大家欣赏,其他年轻人也唱几支歌,很自然地形成了一个小型的家庭晚会、联欢会,其乐融融。

但是,不幸的是,霍华德的妻子辛丽华因患肺癌,于1994年不治去世,这对霍华德全家是一个沉重的打击。相依相伴的爱妻永远地离去了,霍华德悲痛万分,他每年都要多次去妻子辛丽华的墓前悼念追思。

2000年,霍华德返回美国探亲访友,向亲友们介绍自己半个世纪在中国生活、学习和工作的情况,介绍新中国经济建设成就,传播友谊,受到亲友们的欢迎。

温纳瑞斯去世,霍华德很感悲痛,认为自己失去了一位志同道合的好知己、好伙伴、好朋友。

霍华德早已过了退休之年,但他身体健好,精神矍铄。他是退而不休,经常帮助青年们学习英语,进行辅导,他同老朋友们相聚时,总是坚定不移地表示:"只要自己一息尚存,就要以全部精力,作为友好使者,为中、美两国人民万古常青的友谊而铺路搭桥。"

7. 加拿大影视片获大奖

故事并没有到此结束,事情是从加拿大的影视片《他们选择了中国》引起的。

朝鲜战争53年以后,旅美华人许之微以《战俘的命运》为题,写了上、中、下3篇文章,发表在美国2006年《新世界》周刊上。文章说:"加拿大拍摄的历史纪录片《他们选择了中国》,描述了朝战结束后美、英战俘拒绝回国的历史事件,该片荣获美国2006年旧金山国际电影节最佳纪录片奖、2006年(美国)休斯顿国际电影节最佳纪录片白金奖和2006年BLACKMARIA国际电影节评委会一等奖。"

这是2006年春夏之间的事情。加拿大国家电影局派人到中国,打算拍摄一部反映朝鲜战争结束后,一部分美、英战俘拒绝遣返回国的历史纪录片,得到了中国主管部门批准,中国人民解放军总政治部宣传部、总参谋部外事办公室、八一电影制片厂等众多相关单位支持和协助,中国五洲传播中心予以合作。当年中国人民志愿军一部分俘虏管理干部接受加拿大摄制组的采访,参加了拍摄工作。令人意想不到的是,这部仅有 60 分钟的片子,在美国及国际上发行后,引起了如此强烈的反响,得到了一系列的国际大奖。

许之微在他的《战俘的命运》一文中写道:"我岳母(吕斌)当年从大学英语系入伍,参加过对'联合国军'战俘的管理工作。我早就听说过一些关于战俘营的故事,也比较关注这段历史,我岳母在这部纪录片中是受采访人之一。"

许之微写道:"当年 21 名美、英军战俘宣布拒绝回国,选择在中国生活和工作,震惊了西方世界。西方国家舆论认定这是共产党'洗脑'的结果,而社会主义国家则宣称,这些战俘选择了和平,选择了社会主义制度。朝战孰胜孰负或有争论,但战后美、英部分战俘的选择,毫无疑问地是中国军队俘虏政策的胜利。对于新生的共和国,这一胜利在精神层面上的价值是难以估量的。"

许之微在《战俘的命运》一文中继续写道:"志愿军在朝鲜继承了国内解放战争的经验,解放战争中,如果没有数以百万计的国民党军调转枪口,共产党至少很难在短时间内取得全面胜利。因此,对敌工作在朝战中相当受重视。战俘营中的志愿军工作人员无不以发自内心的真挚和热诚对待战俘,在战火纷飞、供给不济的情况下,他们把口粮和药品让给战俘。他们从一个又一个细微之处表现出对战俘人格的尊重和身心的关怀,他们选择的是真诚。他们相信,能够以这样的态度对待战俘的人,一定来自热爱和平、平等、友爱的国度。"

作为中国人民志愿军的一员,笔者同许之微的岳母吕斌女士以及众多的热血青年一道,为了保卫诞生仅 8 个半月的人民共和国的安全,主动报名投身到这场战争中去,并且参加了志愿军对美英战俘的收容、管理和遣返等项工作。半个多世纪之后,又接受加拿大电影摄制组的采访,参加了加拿大的影片《他们选择了中国》的拍摄工作。

古往今来,大凡有战争,不论其性质如何,正义的战争或非正义的战争,交战双方都会有伤亡,都会有俘虏,这是毋庸讳言的。问题在于,如何对待俘虏,不同的国家有不同的政策。按照《日内瓦公约》的规定,对于放下武器、停止抵抗的战俘,"在一切情况下应予以人道待遇"。在朝鲜战争中,中国人民志愿军严格遵守并认真执行这一规定;然而美国及其军方却反其道而行之,他们非人道地虐待和杀害战俘,往往达到令人发指的程度。

8. 谢大爷的遭遇

朝战时,《战俘的命运》一文的作者许之微还没有出生,20 世纪 70 年代中期,他从北京大学社会科学系毕业后去美国留学、工作。他没有研究过朝鲜战争和战俘问题,却一直"关注着这段历史"。他在《战俘的命运》一文中记述了这样一个故事。

"朝战中也有很多志愿军人员被俘。战后,数以千计的志愿军'选择'了去台湾,'投奔自由',因缘相会,我在大华府地区(美国首都华盛顿)遇到过一个当年去台湾的志愿军战俘。

"19 年前,我刚到美国时,学校还没有开学。我在 TYSON'S 的'湖南狮'打工。厨房里有个谢大爷,山东人。一天收工晚,错过了末班车,谢大爷留我在餐馆宿舍住一宿。谢大爷上半身布满刺青,前胸正中一个碗口大的国民党党徽,四边各有一个拳头大的血红大字'效忠党国'。背上刻着一面中华民国国旗和 4 个大字'反共义士',两条胳膊上有一副反共对联。

"谢大爷叹了一口气对我说:'你看我这一身还像个人样吗?'他给我讲了从入伍到被俘,以及在(美军)战俘营的经历。那时管志愿军战俘的是国民党政训人员。我问他是不是自愿去台湾,他说:'自己新婚的妻子在家乡,能不想回家吗?怕呀!说愿去台湾吧,他们就给你浑身刻满这玩意儿。有的战友看自己这一身再也没法清白了,从船上就一头扎进大海去了。'

"我望着他一身屈辱的标记,很难用语言表达出我内心沉重和愤怒的心情。以这样的方式对待战俘,对待自己的同胞,这是国民党政训人员的失败和耻辱。"

当年的始作俑者,如此这般刻薄、恶毒地对待志愿军战俘,折磨和摧残志愿军战俘的身心,大概他们没有想到,他们的这种劣迹暴行,正是给他们自己创下的不可磨灭和无可抵赖的罪证,谢大爷的遭遇不正是这样一桩突出的事例吗?

9. 物极必反

物极必反,美军及蒋介石集团特务分子的残暴行径,激起了美方战俘营朝、中被俘人员的无比愤怒。他们忍无可忍,奋起斗争,如前所述,一举将美军战俘营的最高司令官杜德准将扣押在战俘营里,使这位美国将军成了"俘虏的俘虏",这就是 1952 年 5 月 7 日发生在南朝鲜巨济岛美军战俘营的、震惊世界的"杜德事件"。

加拿大影片《他们选择了中国》,并不是第一部在美国、在国际上放映的这类题材的片子。1986 年,美国就曾播放过一部题为"美国战俘"的电视片,该片记述的就是朝鲜停战后 20 名前美军战俘拒绝遣返的情景。事隔半个多世纪,这类题材的片子重拍,在美国和国际上重播,受到如此热烈的欢迎,这绝不是偶然的。美、英等军被俘人员在志愿军战俘营里受到宽大待遇,他们感悟到不该来到万里之遥的朝鲜,参加一场不义的战争,要求和平,反对战争,要求美国与中、朝人民及全世界人民友好。影片《他们选择了中国》,反映了这段历史事实和真相,这就是这部片子在美国及国际上受到热烈欢迎的关键所在。

后 记

　　我和程绍昆同志所著的《碧潼风云录》即将付梓，在此，我们必须感谢华艺出版社石永奇社长的大力支持和责任编辑郑再帅、郑实、殷芳同志对书稿的精心编辑校雠；感谢92岁高龄的老领导杨斯德将军题写书名，同时作诗代序并表扬鼓励；感谢军事科学院宣传部的同志们审读书稿，并提出宝贵修改意见；感谢《兵器知识》杂志社资深记者林儒生先生及世界知识出版社资深编辑韩梦九同志多方通联和协助。

　　我们两位在此再次说一声："感谢了！"

著　者

2013 年 7 月 4 日